浙江省
非物质文化遗产
代表性传承人
口述史丛书

○○○ 主编

侯阳高腔
《王正洪》卷

朱斐娳 编著

浙江摄影出版社
全国百佳图书出版单位

扫码观看"国家级非物质文化遗产代表性传承人——王正洪"综述片

浙江省非物质文化遗产
代表性传承人口述史丛书编委会

主　　　任：褚子育
副　主　任：叶　菁
编　　　委：刘如文　张　雁　杨慧芳　方向明
　　　　　　郭　艺　郑　重　林青松　吴延飞
主　　　编：郭　艺
副　主　编：许林田
执行副主编：郑金开
编　　　审：陈顺水　林　敏

序 言

浙江省非物质文化遗产代表性传承人抢救性记录是新时期非物质文化遗产保护的一项重要工作。自2015年起，国家级非物质文化遗产代表性传承人抢救记录工程全面启动。2016年，浙江省级非物质文化遗产代表性传承人抢救记录顺势推进。针对非物质文化遗产代表性传承人采用数字化多媒体等现代信息技术手段进行了人物访谈、传承实践、带徒教学的全方位记录。对已有文献资料进行收集，建立传承人专项数据库，并将记录成果编纂成书。

非物质文化遗产代表性传承人，掌握着丰富的知识与精湛技艺，是历史文化的重要承载者和传递者。代表性传承人所承载的精湛技艺、实践经验、文化记忆和传承能力，是非物质文化遗产传承发展的核心内容与动力来源。由于代表性传承人在非物质文化遗产传承中的核心作用与不可替代性，加之浙江省级代表性传承人大多年事已高，代表性传承人及其技艺的记录尤为紧迫。通过全面、真实、系统的记录浙江省级非物质文化遗产代表性传承人掌握的知识和技艺，不仅保留中华优秀传统文化基因，也为后人研究、宣传、利用非物质文化遗产留下宝贵资料，对传承和弘扬传统文化，构建中华民族优秀传统文化传承体系，具有重要意义，这是一项与时间赛跑的工作。

将抢救性记录中的口述访谈内容梳理转化成口述史，是一项极为繁重的工作，不仅要保留口述真实的特点，还要强化文字语言的严谨。该套丛书是浙江在开展浙江省级非物质文化遗产代表性传承人抢救性记录工作的基础上，组织专家、专业人员撰写。在丛书编纂过程中，既尊重传承人口述的真实性，又兼顾可读性，在不改变传承人原意的前提下对文字进行了部分调整。

该套丛书以传承人为单元，一人一书，单独成卷。传承人作为第一人称口述的角度，记录了浙江省级非物质文化遗产代表性传承人传承实践的丰富历程，讲述了传承人多彩的人生故事。该书还对传承人所属的项目进行介绍，从文化价值、存续状况、传承保护等方面叙述项目的基本概况。从生平事迹、学艺师承、授徒传承角度阐述传承人的生平纪略。丛书的重点定位在传承人的从艺经历、实践经验、传承状态等内容。此外，与传承人相关的人员，从不同角度，多层次地补充了传承人的经历。书中还附录了传承人个人年表、文献图录等，完善了这部口述史丛书的学术价值。

该套丛书历经多年编撰。浙江省非物质文化遗产保护中心主持该套丛书的编撰，组织非物质文化遗产专家、文化学者、出版编辑等，讨论丛书的框架、体例、版式；丛书分卷作者用心编撰书稿，倾注心力，反复斟酌文字，不厌其烦地查阅资料、核对内容；代表性传承人及其家人积极主动参与到丛书地编撰过程中。正是因为有各方的共同努力才促成了该套丛书的付梓出版。

我们相信，《浙江省非物质文化遗产代表性传承人口述史丛书》能为有志于非物质文化遗产保护的工作者、研究学者铺路搭桥，提供丰富翔实、鲜活的一线资料，同时也希望能将记录成果更好地发挥作用，让非物质文化遗产保护成果能惠及更多民众，为社会共享。

丛书编委会

目 录

序　言
第一章　项目概况 /001

- 001　　一、历史沿革
- 002　　二、表现形式与特征
- 003　　三、传承与发展情况

第二章　人物小传 /005

第三章　口述访谈 /008

- 008　　一、家境贫苦，赖在学堂读书
- 010　　二、酷爱高腔，从小拜师学艺
- 013　　三、高腔剧目，全都烂熟于心
- 018　　四、吃苦耐劳，练得一身好功
- 022　　五、离团进团，从敲锣到演员
- 030　　六、演猴子戏，人称"婺剧界的小六龄童"
- 035　　七、进京演出，受周总理夸奖
- 039　　八、塑造角色，演一个爱一个
- 043　　九、担任导演，救活一个剧目

049	十、谈起高腔，深谙内中情形
054	十一、传承高腔，善于改革创新
078	十二、东阳民间，看戏之俗颇盛
080	十三、保护高腔，做了四项工作

第四章　周边采访 /101

101	一、王正洪学生赵雷访谈：最值得我们传承的是他对艺术的执着追求
107	二、王正洪学生舒旭霞访谈：他最值得我们学习的，就是他对艺术不离不弃的精神
111	三、王正洪学生蒋源访谈：他对表演事业的认真执着感染着我们
112	四、王正洪学生杜丽英访谈：我一路走来，能有坚实的戏曲基础，真的离不开王老师的指导，非常感谢王老师
113	五、文化和旅游部民族民间文艺发展中心特邀研究员，浙江省非物质文化遗产保护协会传统舞蹈专业委员会主任吴露生访谈：侯阳高腔的前世今生
114	六、浙江省文化馆研究馆员，国家一级演员周子清访谈：王正洪先生表演及导演艺术特色
119	七、原江山市婺剧团团长、导演陈雪梅访谈：我对王正洪老师的点滴印象

附 录 / 123

123 一、中国戏剧家协会对《三打王英》的评论
126 二、媒体相关报道
138 三、王正洪大事年表

参考文献 / 144

后 记 / 145

第一章 项目概况

一、历史沿革

侯阳高腔是浙江高腔戏的一种。《中国戏曲曲艺词典》载："侯阳高腔，戏曲剧种。流行于浙江金华地区、丽水地区和衢州地区等地。原由'东阳班'演唱。现在婺剧也偶有演唱。有人认为系江西弋阳腔传到东阳之后讹称为'侯阳高腔'。所唱曲牌带有弋阳腔和民歌色彩，以管弦乐伴奏，但仍用乐师帮腔。旋律简单，很少用滚唱形式。传统剧目有《白鹦哥》《梁山伯》《卖水记》等。侯阳高腔和绍兴的调腔有较多的共同点。"

"高腔"的名称，早期（明万历以前）大多以产地命名，如弋阳腔、海盐腔、昆山腔、余姚腔。后来，有的以伴奏乐器为名，如吹腔、弹戏、胡琴腔、梆子腔、锁呐腔、打锣腔等；有的以剧目内容为名，如花灯戏、采茶戏、孟戏、目连戏、醒感戏等；也有以声腔特点为名的罗罗腔；还有以字音标准为名的正字戏……侯阳高腔其名称来源，一说是弋阳腔读音之讹，一说是岳阳之音误，也有认为是根据其"一人启齿，后台（司鼓）帮唱"的演唱特点而定名，等等。

侯阳高腔孕育于义乌腔。义乌腔是继南戏余姚、海盐二腔之后，由南戏温州腔和余姚腔发展起来的南戏新腔，最迟于明万历初年出现。明代王骥德《曲律》卷二（作于万历三十八年，即1610年）中说："数十年来，又有弋阳、义乌、青阳、徽州、乐平诸腔之出……"义乌腔在东阳迅猛发展后，因受弋阳、余姚诸腔影响，又有新的发展，俗谓"侯阳调"，后改称"侯阳高腔"。

入清后，侯阳高腔从义乌腔脱胎成为独立声腔。侯阳高腔确立之初单独成班演出，这种状况一直持续到清道光年间（1821—1850）。

其时班社多达60余班，巡回演出于金华、衢州、严州一带，可见其盛。相传清乾隆年间（1736—1795），东阳有72副班子往金（金华）、衢（衢州）、严（建德）、台（台州）、温（温州）、处州（丽水）等上六府巡回演出，演唱以"侯阳高腔"为主。至清末民国初，尚有"老紫云""新紫云""三紫云""赛紫云""大理玉""大理圣""王新喜""王荣春""小麟玉""何鸿玉""应凤祥""金红春""何金玉""大荣华""郑金玉""陈锦聚""吴金玉""王玉麟"等10余个班子。

清道光后，受太平天国和鸦片战争影响，东阳一带的戏曲受到严重挫折，至同治年间虽有好转，但要组织完整的高腔班已十分困难。其时，昆山腔与乱弹腔勃兴。于是，先以侯阳高腔为主，兼唱昆曲，为二合班；后又吸收从嵊县（今嵊州市）、诸暨传来的乱弹，成为"三合班"，时称"东阳三合"或"东阳班"。周妙中著《清代戏曲史》载："正三合，又名侯阳班，由昆曲、乱弹、高腔三种戏各十八本合成，故名。"由于三合班的曲调丰富，以高、昆正统声腔为主体，颇受人尊重，如遇庙会，有徽班、乱弹班对台演出时，都要让三合班先开锣。

清末民国初，三合班又吸收徽调、滩簧与时调。中华人民共和国成立后，东阳三合班等金华戏改称"婺剧"。

二、表现形式与特征

侯阳高腔发源初期，仅为干唱帮腔，锣鼓伴奏，不用管弦。至清末发展为与昆曲、乱弹组成的三合班后，增加笛子、板胡、科胡等弦乐，但仍用乐师帮腔，最终演变成一人演唱、司鼓者帮腔（内行话叫"钉皮""助腔"）、大锣大鼓伴奏的形式。其音调高昂响亮，气氛激越，情绪激昂，颇具强悍、雄壮的气质。它的腔调古朴、粗犷、优美，保留了山歌体、上下句、一字一音、后半句高亢上扬及乡音土语等特点。节奏与调式跟当地的山歌极为相似，保持了原始戏曲的古老状态。乐队编制独特，婺剧一般设后场乐手5人，而侯阳班独有6人，其中一人专门敲击在舞台角落的大锣。从演唱曲牌结构看，侯阳高腔"后场"的特点异常明显。

侯阳高腔创造了一系列精湛的"武技"。侯阳高腔中的特技表演，表演性强，有强烈的观赏价值。侯阳高腔的特技最享誉的有"变脸"与"耍牙"。除此之外，还有"飞僵尸""摔盔回盔"等，历来为人所赞赏。

侯阳高腔有许多特殊的表演程式，如：整冠，总结出"男角看头，女角看脚"的理论；台步，仅旦角就设计出雀步、碎步、云步等8种特殊台步；开霸，仅"桃花霸"就有108种特殊动作；红拳，全套共有36个动作，俗称"开四门"。

侯阳高腔长期演出于露天草台、祠堂、庙宇，表演具有古老的民间艺术风格，看戏的观众主要是农民和手工业者，具有浓郁的乡土气息。

侯阳高腔是研究南戏，尤其是余姚腔难得的剧种。它保存了大量宋元及明初南戏遗存剧目，有《琵琶记》《白兔记》《古城会》《芦花絮》《太平春》等20多本，均为世代传抄的舞台演出本，通称"台本"。

三、传承与发展情况

侯阳高腔产生于明末，脱胎于义乌腔，流传于东阳、义乌等地，至清末入婺剧三合班传唱至今。

1951年，由"老紫云""王新喜"两个老三合班为班底组成东阳婺剧团，开展侯阳高腔的剧本整理和排演等一系列工作。1954年，参加省首届戏曲观摩演出，演出的曲目《米糯敲窗》《推车接父》《秦琼逃关》《借扇》等广受称赞。1957年7月，参加省第二届戏曲观摩演出大会，《黄金印》《合珠记》获剧本一等奖。

1961年开始，为抢救侯阳高腔，由胡梦兰等四位老艺人组成记录小组，由陈崇仁先生记录侯阳高腔（唱腔部分）15本大戏与9个折子戏。是年，排演《合珠记》赴杭州演出，获好评。1963年，东阳婺剧团排演侯阳高腔剧目《合珠记》，音乐上做初步的革新尝试，取得成效。在杭州演出时，引起领导、专家的关注，省文化局为此专门召开《合珠记》音乐改革座谈会。1964年，排演现代剧《独立大队》，对侯阳高腔做了较大的革新，受到群众欢迎，曾在金华长乐剧院连演10余场，场场爆满。"文化大革命"期间，停止演出。

1976年，粉碎"四人帮"后，排演现代戏《春梅》作为地区的重点剧目参加省里会演。因音乐改革比较大胆，获得轰动效应。

1985年，东阳婺剧小百花重新排演侯阳剧目《合珠记》，对唱腔及过门音乐做进一步改革。2004年，东阳婺剧团又重新排演《合珠记》，参加省婺剧节汇演，获金奖。2006年，排演侯阳高腔《黄金印》。

2007年5月,"侯阳高腔"被列入第二批浙江省非物质文化遗产代表性项目名录。2009年,东阳市婺剧团被命名为非物质文化遗产"侯阳高腔"传承基地。2011年,在东阳市千祥镇防军小学建立"侯阳高腔"传承教学基地。2013年,整理编撰《侯阳高腔曲牌选》一书。2014年,在东阳剧院举行了侯阳高腔收徒仪式,省级传承人王正洪收了5个徒弟,为侯阳高腔的发展注入新鲜血液。

2014年,启动了"侯阳高腔"传统戏剧保护计划,计划每年恢复一个经典剧目,邀请专家指导,进行剧目的精品化加工提升。依托婺剧团传承基地,已经恢复排演《摆路头》《乌盆记》两个侯阳高腔经典剧目。同年6月,侯阳高腔《摆路头》参加浙江省文化厅主办的"浙江好腔调——高腔遏云"专场演出,获优秀奖。

《乌盆记》中尉迟恭脸谱

2015年,东阳凭借"侯阳高腔"获得"浙江省传统戏剧之乡"荣誉称号。同时,开展"侯阳高腔"剧本数字化保护工作,至2019年,已完成10个剧本的数字化录入,完成75个"侯阳高腔"戏曲脸谱的绘制。

第二章 人物小传

王正洪，男，1939年生，东阳人。国家二级导演，中国戏剧家协会会员，东阳市婺剧团导演。2008年，被浙江省文化厅认定为浙江省非物质文化遗产代表性项目"侯阳高腔"代表性传承人。

王正洪于6岁拜师学艺，学习武功。他学艺刻苦，为练好童子功，腿上绑沙袋，从1斤逐步增加至4斤，且风雨无阻。经过坚持不懈的努力，他掌握了许多高难度的武术动作，能翻出各种各样的跟斗。不到三年时间，他就熟练掌握了"跌、扑、翻、打"等舞台基本功，参与"打台"表演。

1950年，王正洪进入东阳婺剧团担任演员，14岁登台演出，在《小放牛》中扮演小牧童，唱、做、念、舞俱佳，获观众称赞。而后他专攻武生、武丑，主演《天宝图》《粉妆楼》《李三宝》《武松打

王正洪近照

店》《探阴山》等剧目，受观众好评。1962年，东阳婺剧团应邀赴北京，在中南海向中央领导汇报演出《三请梨花》，王正洪在剧中担任杨凡一角，由于表演出色，受到了周恩来总理的赞赏和肯定。

1980年，王正洪参加浙江省艺术学校导演进修班学习，从此演员与导演两者兼顾，编导了许多优秀剧目。他于1981年执导的现代戏《莲花戏夫》获优秀导演奖。

1989年，他在侯阳高腔《十五贯》中扮演娄阿鼠，参加浙江省戏剧中青年演员精英大奖赛，获最佳表演奖。1990年，他执导的历史剧《三打王英》，突破传统高腔"文戏文唱"的模式，将唱、做、念、打、舞、翻有机结合，在"纪念徽班晋京200周年"进京献演中产生轰动效应。著名戏剧评论家在座谈会上称赞该剧目："展示了婺剧戏曲的造型美和变化无穷的图案美，表现出人物的阳刚美和性格美。"1993年，王正洪携剧《三打王英》参加浙江省第五届戏剧节演出，获导演一等奖。同年，王正洪被评为国家二级导演。1995年，王正洪编导的《三顾茅庐》在全国第七次诸葛亮学术研讨会上献演。1997年，在浙江省"艺苑杯"戏曲教学大赛中，王正洪获优秀园丁奖。

王正洪在《十五贯》中扮娄阿鼠剧照

王正洪获得的全国第七次诸葛亮学术研讨会纪念章

20世纪八九十年代，王正洪经常受邀参加戏剧编导活动。曾担任衢州市婺剧团拍摄电影《梨花狱》的助理导演；导演了衢州市婺剧团新编历史剧《忠壮公·徐徽言》，浦江婺剧团、浙江婺剧团新编古装剧《江南第一家》，并为余姚市姚剧团排演赴香港、澳门演出节目《秋香送茶》《三婿临门》。他也常受东阳、永康的民营剧团邀请排练传统剧目，并为他们创编新剧目，多次在市、县民营剧团会演中获一等奖、优秀演出奖、表演特奖等。

热爱婺剧的王正洪把一生奉献给了婺剧事业，塑造的角色惟妙惟肖，对舞台人物的刻画精准到位，入木三分，表演时挥洒自如，给观众留下深刻印象。作为东阳婺剧团的资深导演、表演艺术家，他的艺术创作和对人物的塑造具有独特风格。他对自身创作的要求是"你有我要有，我有你没有"，力求做到"一戏一风格，一人一特色"。

2004年，王正洪在东阳市非物质文化遗产保护中心的协调下，邀请婺剧老艺人，挖掘整理、恢复排演《河桥分别》《米糯敲窗》等折子戏。2008年，《米糯敲窗》由东阳市婺剧团中青年演员在杭州吴山广场演出。

2008年，王正洪被评为"侯阳高腔"省级代表性传承人后，他努力授徒传艺，以自编、自导、自己作曲的模式，一年排一场戏，促进侯阳高腔代代相传。

第三章 口述访谈

时间：2017 年 10 月 29 日
地点：王正洪工作室
采访者：学术专员何宵鹏
受访者："侯阳高腔"省级代表性传承人王正洪

一、家境贫苦，赖在学堂读书

采访者：王老师您好！您是哪一年出生的？您当时的家境如何？

王正洪：我是 1939 年 5 月 25 日出生的。我的家在江北城郊一个叫棣坊的小村落。那时，我的家庭是相当困苦的。我的妈妈名叫任何香，因外婆有严重的重男轻女思想，在她三岁时就把她送到棣坊村的

王正洪（右一）接受访谈

王家当童养媳。当时王家的家境还行，有两间土房和一间小阁楼。有两个儿子：大儿子王春山（王正洪之父）好吃懒做，手艺学不精，又常常三天打鱼两天晒网；小儿子王春生得了血吸虫病，只能整天躺床上度日。我妈妈给他们的大儿子当媳妇。

当时王家为了给小儿子治病，再加上大儿子不顾家庭又游手好闲，在双重打击之下，我爷爷奶奶的身体每况愈下，一天不如一天，以致都无力帮人家干木匠活了。加上那时的世道，军阀混战，官僚横行，物价飞涨，苛捐杂税多如牛毛，人头税啦、灶头税啦，等等，什么稀奇古怪的税都有，简直是人吃人的社会，压得老百姓连气都喘不过来，又是连年的旱灾水灾蝗灾，哪有老百姓的活路？王家很快就败落下来。

我爸爸妈妈年纪相差比较大，两夫妻的感情不是很好。家里一年中几乎半年都是吃野菜，没有粮食吃。我上面还有两个哥哥，在我出生之前都被饿死了。为养家糊口，我妈妈忙得像陀螺一样，不停地转。她白天做家务带小孩儿，赶两天一集的集市卖布鞋蒲鞋；晚上点一盏青油灯，她不是做布鞋就是编蒲鞋，不忙到五更鸡叫不收手。人不是机器，疲惫至极加上饥饿，人就更容易犯困了，我妈妈老觉得上下眼皮像牛皮糖似的粘在一起，睁都睁不开，时常纳着纳着布鞋或编着编着蒲鞋，脑袋一歪就睡着了。我妈妈的布鞋蒲鞋卖不了几个钱，哪能买到天价的粮食呀，常常因无米下锅而断炊，她不得不到更远的山上采野菜挖蕨根来填一家人的肚子。

我出生前，爸爸就被抽壮丁当兵去了，因此我出生后全靠母亲一个人拉扯大。听妈妈说，我一出娘胎就饿肚子，哭声几乎没停过，白天哭夜里也哭，喉咙都哭哑了，她只好把野菜嚼烂或把蕨根磨成粉喂我。我严重营养不良，瘦得不成样子，像一只老病猫。

我在出生之后的短短三年时间里，遭受了痛失三位亲人之厄运：先是生血吸虫病的叔叔死了，再是爷爷走了，最后奶奶也跟着他们走了。妈妈当掉了家中所有值钱的家具，才把他们的丧事办了。全家老老少少本有八口人，算得上人丁兴旺的家庭，可这世道却让这家子家破人亡，几年时间就死了五口。再加上我的爸爸被抽壮丁当了兵，一去杳无音信，生死未卜，最后活着的就是我和妈妈两个了，真的很不容易。

采访者：那您家里人是干什么的？他们有没有从事过这种表演

活动?

王正洪：他们都没有从事过这种表演，但祖上还是有一点艺术天赋的。我的爷爷是木匠，在我的印象中，爷爷留着花白细长飘逸的山羊胡子，一副仙风道骨的模样，手上的木工手艺及雕刻、绘画等方面的艺术天赋，使他赢得了十里八乡民众的尊重和赞誉。无论盖房竖梁、做谷仓等粗木工活，还是打家具做雕龙画虎的细木工活，在当地无人可比，他凭着他的手艺养活了一家人。我的爸爸也跟着做木工。我的妈妈是普普通通的农村妇女，除了做家务活，就是做布鞋和蒲鞋到集市上卖，换钱补贴家用。

采访者：王老师，您小时候上过学吗？

王正洪：我只上过3天的学堂。我开始是进戏班学戏的，1950年，戏班子要整顿，不能演戏了，我就回家了。回家以后我很想念书，就自己一厢情愿坐到学堂里去了。老师问我："你来干什么呢？"我说："我要读书。"老师说："你要读书？读书是要交钱的。"我说："我没钱交，我要读书。"我就赖在那里坐了3天。有的同学就冷嘲热讽地挑衅欺侮我，我当时十分气愤，凭着练过的几年基本功，与同学产生了肢体冲突。后来老师惩罚我，打了我十下手心板，于是，我负气离开了学堂。从此再没有进去过学堂。

二、酷爱高腔，从小拜师学艺

采访者：听说您6岁的时候就被送到东阳比较著名的戏班"王新喜"班当学徒，当时您是自己要求去的，还是家里人送您去的？

王正洪：这个事情说来话长。我3岁那年，吃了半年的野菜，天天嚷着要吃饭。妈妈无可奈何，只好到隔壁邻居那里去借了半斤米，给我熬了粥。粥刚熬好，妈妈还在盛粥，刚要盛满钵头的时候，我一边哭一边去扒盛粥的钵头，结果粥钵头打翻了，一下子套在我的头上。当时妈妈就急得要命，马上拿起一桶水向我头上一倒，烫伤导致我整个头脸全部腐烂、长虫。后来村里来了一个土郎中，他很同情我们的处境，教给我们一个土办法：用秘方加桐油敷伤口。结果疗效显著，过了一个月，虫子没有了，又过了半个月，烫伤部位长出了新肉，伤口愈合后，胸口还留下一片烫伤疤痕。

那时正是东阳草台戏班子的鼎盛时期，全县有草台戏班子70多个。这些草台戏班子一般活跃在东阳农村各地,不少还跑到外地演出。因为看戏的人多,戏看久了会口渴,就会有人来买茶喝,有戏班子演出的地方就有人摆茶摊。在我3岁时,我妈妈产生了跟随某个戏班子摆茶摊卖荷兰水(一种加入薄荷和糖做成的饮品)的想法。

那年中秋节前,听保长说,中秋节村里要请一个戏班子来唱戏。妈妈就到集市上买来薄荷和红糖等做成荷兰水,中秋节晚上拎到戏场上去卖。其间,戏班子的班主也来喝了。班主姓刘,他喝荷兰水也称好,妈妈没收班主的茶水钱,只央求班主给个方便,让她跟随他的戏班子摆茶摊卖荷兰水,以后他和他的几个师傅喝荷兰水都不收钱。班主见她身边带了个满脸伤疤的小孩着实不易,心里有了恻隐之心,便答应了她。

从此妈妈带着3岁的我随戏班子一路演戏,一路迁徙,可以说风餐露宿,四海为家。好在刘班主比较体贴我们母子,让我们和戏子们一起吃住,不收钱,但有个条件,必须给戏班成员免费提供茶水,有时还要帮忙打理一些杂务。戏班子移场时要走几里甚至十几里路,我年纪小走不动,起初妈妈把我绑在自己的背上,背着走,但加上铺盖和茶具,走路显得异常艰难,戏子们都同情我们,年轻的演员会主动背着我走,这样妈妈会轻松许多。

最后到了兰溪。那时浙中最繁华的地方就是兰溪了,兰溪地理位置优越,钱塘江上游的兰江穿城而过,兰江上客船货船穿梭,陆地上几条公路交汇于此,交通十分便利,南来北往的客人众多,有"小上海"之称,是戏班子最理想的演出地了。所以精明的刘班主把目的地选在了兰溪。安稳的日子没过多久,兰溪遭到侵华日军轰炸,妈妈又带着我回到老家。

回家后,妈妈就把我寄托在隔壁村的"饭祖"("饭祖"就是四代要饭、讨饭为生的人)家,她自己去卖土布,卖茶,打草鞋,赚一点钱维持生活。我4岁的时候,就跟"饭祖"家里人去要饭了,要了两年饭。6岁时,有一个叫"王新喜"的戏班子来村里做戏,妈妈把茶摊摆在戏台边上。她找到了戏班子的班主,将我们的家境情况告诉他,央求他收下我。班主非常同情我们的遭遇,就带我进了戏班。妈妈也跟着戏班子继续摆茶摊,顺便照顾我,同时也帮戏班做一些杂务活。

采访者:这么小的年纪去戏班,您自己是什么感受呢?

王正洪：我进去以后拜了两个师父，一个是乐队正吹陆加祥，一个是文武小生赵岩侬，专门教我练基本功。我先是学敲大锣，大概学了半年就会敲了，后来又学会了敲小锣。当时年龄太小了，没有别的想法，只知道要听师父的话，认真地学习，刻苦地练功，能有饭吃就好了。我学了半年，学得很用功，根本不用师父督促。让我最高兴的是戏班里有饭吃，能吃饱饭，从此不再饿肚子了，还会有点小报酬。

采访者：王老师，能不能介绍下"王新喜"班的一些情况？还有当时东阳比较有名的戏剧演员有哪些人？当时他们的影响力怎么样？他们主要演了些什么剧目？

王正洪：当时来讲，"王新喜"是数一数二的戏班。东阳戏班在兴旺时期有70面锣，意思就是70个戏班。中华人民共和国成立前那几年，我学戏时，实际上还有十几个戏班比较活跃。在这十几个戏班里，"王新喜"戏班应该是数一数二的。为什么呢？"王新喜"戏班的行当齐全，阵容强大。花旦是潘池海，小生是陈喜生，还有一个文武小生就是我的师傅赵岩侬，再加上胡方琴、吴焕英、胡梦兰、胡龙庆、胡全法、张松祥、陈法森等，这些都是名角儿啊，演技很好的，在当时都是很有名气的演员。

胡方琴是东阳玉山胡庄人，12岁开始学戏，先后到过"陈锦聚""大松柏""何鸿玉""应凤祥""王新喜"等三合班。胡方琴仪表堂堂，曾演过小生、正生和老生。《桂子写状》中，他扮演的小生，唱做兼优，声情并茂，观众无不对其同情掉泪。他还曾扮演过正生戏《长生殿》中的唐明皇，形象俊美，风流倜傥，人称现代"活唐皇"。后来专攻老生戏，如《古城会》《芦花絮》《盗令三挡》等，表演自成一格。1954年参加省首届戏曲会演时，他已74岁，所演出的《盗令三挡》，颇得京剧大师盖叫天的赏识赞扬，荣获表演一等奖。由于他为人贤良方正，曾在"王新喜"班子当过多年领袖，深孚众望。

胡梦兰也是东阳玉山胡庄人，15岁跟他叔父胡方琴学戏。先后去过"新紫云""大松柏""大荣华""应凤祥""王新喜"等班子，是个文武双全的侯阳高腔名艺人，对侯阳高腔的剧目、唱腔烂熟于心，人称他是侯阳班的总纲先生。在舞台上他曾演过小生、正生和老生等角色，塑造过《关中相会》中的李昌国、《悔姻缘》中的蔡文德，以及《擒史》中的史文恭等多个戏剧人物形象。所扮演的人物不论一招一式、一板一腔，他都讲究身到、口到和心到，扮谁像谁，形神兼备，十分重视人物性格的刻画。更难得的是，他在当地戏剧界演员中，算得上是一个精通文墨的"戏秀才"，东阳三合班的十八本高腔、十八本昆腔，以及一部分乱弹，里面的台词、唱腔、口白，甚至是锣鼓点，他基本上都能用笔墨记录下来。所以，他每到一地，人们莫不尊称他为"梦兰先生"。由于他抢救传统戏剧有功，曾获省文化厅嘉奖。

潘池海是东阳玉山人，9岁入"应凤祥"三合班学艺，曾先后去过"大松柏""郑金玉""王新喜"等班子，出演过花旦、小生、正生和老生等多种角色，扮相俊美、唱腔圆润、表演细腻、文武兼优。18岁时就是闻名八婺的"高鼻头花旦"。他的拿手戏有《长生殿》《琵琶记》《芦花絮》《合珠记》等。在《临江会》中他所扮演的鲁肃，"摔盔回盔"这一项就是他的绝技。1954年参加省会演时，他所表演的高腔折子戏《推车接父》获得演员二等奖。1978年创办的东阳婺剧训练班，他任主教老师，为了培养下一代呕心沥血，省文化厅授予他"优秀园丁奖"。

陈法森擅演花旦，也是我们东阳人，1920年出生。8岁时随父进入"应凤祥"戏班，先后到过"老紫云""王新喜"等戏班。

张松祥也是擅长演花旦的，他是东阳人，1921年出生。他的父亲张锣水是东阳三合班的著名小花。11岁进入"大荣华"戏班学戏，先后到过大荣华、应凤祥、王玉麟、老紫云等戏班。他擅演小旦戏。

三、高腔剧目，全都烂熟于心

采访者： 王老师，他们当时主要演哪些高腔剧目？

王正洪： 侯阳高腔的剧目，极大部分源于元末明初的五大传奇（《白兔记》《荆钗记》《杀狗记》《拜月亭》《琵琶记》），以及明代嘉靖年间全盛期涌现出来的诸多剧目，如《英台记》《长城记》《珍珠记》《织锦记》《卖水记》等民间传奇。相传侯阳高腔的剧目也有"江湖十八本"之说，即《金印记》《樱桃记》《双比钗》《红梅记》《绣花针》《十义记》《平征东》《芦花记》《双贞节》《鹦鹉记》《葵花记》《前鹿台》《琵琶记》《太平春》《古城会》《合珠记》《卖水记》《兴周图》（即《后鹿台》）。此外，还有折子戏《山伯访友》《九世同居》《摇钱树》《一文钱》《五代荣》《洛阳桥》《乌盘记》《梁灏赌酒》《九龙套》等。以上这些剧目，在历史上是非常流行而盛传不衰的。其中很大部分一直流传至中华人民共和国成立初期，足见其艺术生命力之顽强。

高腔剧目的十八本之说，似是戏曲界的一种套说。指的是高、昆、乱三合班，如衢州的文锦班、金华的春聚班、东阳的紫云班等。对剧目数量的标准，一般都要求备有十八本高腔、十八本昆腔、三十六本乱弹戏，共七十二本大戏。婺剧中的徽班剧目也要求具备七十二本案本戏。很明显，从这十八本到三十六本，以至七十二本之说，纯属《扬州画舫录》中"江湖十八本"说的延伸发展。众多老艺人也往往受这"江湖十八本"说的影响而人云亦云。其实，早期的侯阳高腔剧目何止十八本，据老艺人王贵达、胡梦兰等人说，在他们的师傅手里，就有四十二本之多，如果再加上昆腔、乱弹戏，可能还要更多。

至于侯阳高腔所演的剧目，见诸《词林一枝》《八能奏锦》《摘锦奇音》《万壑清音》《徽池雅调》《歌林拾翠》《缠头百练》等明刊本，其中所载的多为折子。例如《词林一枝》中《古城记》只载有"关羽闻信劝降""关云长秉烛待旦"二折，《琵琶记》只有"赵五娘临妆感叹""蔡伯喈中秋赏月""赵五娘画真容""牛氏诘问幽情""赵五娘书馆题诗"五折，《金印记》只有"苏季子逼妻卖钗""苏季子途中自叹"二折，《白兔记》只有"刘智远夫妇观花"一折，《卖花记》也只有"黄月英生祭彦贵"一折，等等。而侯阳高腔所演的却多是全本。所以，从剧目剧本的角度来考察，叶开源、张世尧合作的《婺剧高腔考》中认为"婺剧高腔极有可能是明代嘉靖前的民间戏曲流传至今的"，是有一定道理的。

采访者：那请您介绍一下侯阳高腔常演的戏文主要有哪些。

王正洪：好的。一本戏文叫《合珠记》，又名《珍珠记》《珍珠米糰记》《高文举珍珠记》。《合珠记》讲书生高文举穷途落魄，员外王百万惜其才而招赘为婿，夫妻恩爱的故事。高文举进京赶考，爱妻王金贞送至河桥，小两口海誓山盟，互表绝不变心。王金贞将一颗珍珠敲为两半，各藏半颗作为恋念。高文举得中状元，右相温阁逼其入赘为婿，暗把高文举家书改为休书。金贞见书心生疑窦，不辞艰辛赶到京都寻找丈夫。不料被温阁发觉，将金贞剪下青丝、严刑拷打后，幽禁于后花园为婢。幸得老婢杜娘的同情、帮助，觅得高文举的音讯。中秋佳节，高文举伴教太子回府，命老杜娘做米糯，金贞故将半颗珍珠做入米糯，高文举进食发觉，睹物思情，恋念前妻。王金贞遂在老杜娘指点下敲窗相会，互倾衷情，顿释前嫌，一同逃出相府前往包府告状。包文正秉公而断，刑赏无私，亦罚温氏剪发、执浇花扫地之役。最后赖王百万相劝，儿女和解。

有一本戏文叫《芦花絮》，又名《芦花记》《闵子骞单衣记》。《芦花絮》的故事梗概是这样的：相传列国时有位闵辉，前妻亡故，留下一子，叫闵损。后娶张氏为妻，亲生闵华、阿三二子。晚娘待子，心肠不一。对亲生儿子照料入微，对前娘生的则不顾饥寒。有一天，后娘要前房的儿子闵损去远地推车接父，给他穿的是一件内夹芦花的棉衣。大雪纷飞，芦花棉衣难御严寒，闵损被冻昏在雪地上，后来被他生父发现。生父便对张氏怒加训斥，并叫来张氏父母，责其心肠歹毒，意欲休妻。可是闵损却哀求他父亲说："母在一子寒，母去三子单，劝爹爹，莫将娘休赶。"这深深打动了他父亲的心，也深深触动了后娘的天良。再经张氏父母说情，合家终于和谐欢聚。

还有一本叫《古城会》，又名《斩蔡阳》。《古城会》写三国时关羽降曹后，探悉刘备下落，辞曹寻兄。在途中，听说张飞已经占据了古城，就去见他。而张飞怀疑关羽在曹营日久，便问他这次来是不是有诈。正当关羽在辩白的时候，曹将蔡阳率军追来了，张飞就更加疑心关羽了。关羽立马斩了蔡阳，以表明自己的真意，这样也解除了张飞的猜疑。这个剧目颂扬智勇双全的关公之桃园厚义，是大花的应工戏，也是闹猛的锣鼓戏，也很有强烈、粗犷、勇壮的高腔特色。

采访者：除了刚才您讲的这些，还有其他高腔的传统剧目吗？

王正洪：还有的。有一本叫《全十义》，又名《十义记》。《全十义》写的是：一天，黉门秀才韩朋和妻子出城祭坟，遇见节度使王朋在城外打猎，王朋见韩朋妻子貌美若仙，就想纳为姬妾。回府后，立即差官媒前去说亲，韩朋听了怒不可遏，当场将官媒揍了一顿，赶出门去。王朋知道后，心中大怒，便诬告韩朋串通江洋大盗图谋叛逆，派兵前去捉拿。这天，正好郑田在韩家会文，见兵丁要捉拿韩朋夫妇定罪，就挺身而出，自称韩朋，结果被王朋密令误斩。第二天，王府里点亮很大的花烛，王朋威逼韩朋妻子与其成亲。韩妻坚决不肯，用银簪割破了自己的脸容。王朋无奈，只得将她囚禁在监。过了几个月，韩朋妻子在狱中产下一子，取名困英。韩朋结拜兄弟李昌国经商回来得知这个情况后,就将困英抢到自家抚养。韩朋的妻子由于愤恨至极,悬梁自尽。

  过了几天后,王朋见韩朋还活着,就指使一员大将在起解途中把韩朋杀死。可是这个大将见韩朋为人心地正直,光明磊落,想放掉他。韩朋却说:"我一逃,要连累大将。"大将当即拔剑自刎,让韩朋得一生路。从此韩朋流落街头,乞讨聊生。转眼过了十八年,李昌国抚养的困英已得中状元。不过,这个时候的困英已叫李泰。他高中回家时,叫家院取冠带来,原来李泰已奏明圣上,封赠李昌国为光禄大夫。酒宴上,李昌国想起义弟韩朋,不时低头长叹。李泰见父亲心中不乐,就差家院到街坊去叫唱道情的来助兴解闷。结果进来的是衣衫褴褛的韩朋。李昌国便把十八年前的事一五一十地告诉李泰,李泰认父,父子团圆。李泰奏本皇上,揭露奸臣王朋,王朋倒台,沉冤得雪,人心大快!李昌国终成全双义。这本戏就叫《全十义》。

  还有一本《平征东》。这本戏主要讲的是:唐朝时候,辽邦不肯臣服中原,朝廷招募兵将,准备御驾亲征。薛仁贵前来投军,遇到招兵官张士贵。薛仁贵在考试中,能开满无人能开的铁胎弓,并摆了"龙门""天门"等阵法,还献出"瞒天过海"计策(即将许多船只集合在一起,船上伪装山林,兵士埋伏其中渡海)。张士贵见薛仁贵武艺高强,智略过人,马上就产生了妒嫉之心,就怕用了薛仁贵后,对自己不利。因此,他安排薛仁贵在马房喂马,而且用薛仁贵的计谋与阵法大破辽兵,将这个本来是薛仁贵的功劳贪为己有。这个时候,尉迟敬德对这个事情有所怀疑,觉得在众官兵中必有高才贤士,因此就乔装兵卒,到各处营房察访。就在这天夜里,薛仁贵身着白袍,在营地对月长叹,深恨张士贵妒贤贪功,恰巧被尉迟敬德听到,尉迟敬德当场一把将薛仁贵抱住,薛仁贵误以为被人擒拿,就将身子一甩,把尉迟敬德抛出丈八路外,逃之夭夭。

  尉迟敬德多方寻找白袍小将,张士贵则千方百计蒙骗掩拦。最后终于被尉迟敬德访到薛仁贵,查明了真相,奏闻皇上。皇上封薛仁贵为平辽王,并惩处了张士贵。

  采访者: 这本戏听起来就很精彩的。
  王正洪: 是的。还有一本戏叫《九世同居》,说的是某朝宰相张恭义九代不分家,遭到奸臣诬奏,说九代同居,蓄集党羽,有谋皇野心。皇上召张恭义当殿对质,张恭义把九代叔伯兄弟祖孙妯娌之间和睦共处的情况当面奏明。皇上听了以后，认为张恭义非但没有谋皇的野心，九代不分家更是一种家庭和睦团结的美德，于是，钦赐"九世同居"御匾褒奖，并惩办了奸臣。这个折子戏，情节简单，但思想鲜明，歌颂家庭和睦，为观众所喝彩，被列为"开台三折"剧目之一。

再有一本戏叫《后花园》，又叫《卖水记》。这本戏讲的是一个叫李银贵的书生，是当朝宰相王政为其女指腹为婚的未婚女婿。由于李银贵的父亲李纲病故后，家道中落，生活贫困，哥哥李银勇赴考未归，家中还有老母亲和嫂嫂崔玉英，一家人的生计全在李银贵身上。偏偏又遇上年岁荒旱，借贷无门，李银贵只得跟着嫂嫂挑桶卖水，共同侍奉高堂老母。李银贵挑桶卖水的事情，被相府得知，相爷觉得有辱门庭，就差人把李银贵叫来，逼李银贵写下退婚文书。相府的千金小姐叫王桂英，她反对父亲欺贫爱富、毁断婚约，就叫家人（旧指仆人）张德去暗约李银贵。李银贵在这天夜里到相府后花园与王桂英相会，王桂英还送给李银贵一些金银。这件事情刚好被另外一个叫赵大的家人偷听到了。于是，当李银贵赴约到后花园接受了王桂英相送的金银时，赵大趁机夺走了金银，杀死了丫鬟，并诬陷李银贵为凶犯，因而李银贵被判了死罪。王桂英不信李银贵是杀人凶手，暗地里叫张德前去探牢，并要李银贵在狱中写状书，由他嫂嫂出面上告申冤。就在这个时候，刚好碰上李银贵的兄弟李银勇考取了功名，成为钦差巡按，受理了此案。正当李银贵要被绑赴刑场问斩、王桂英不顾其父阻

王正洪指导《审乌盆》

拦前去法场祭奠之际，李银勇在相府家人张德的协助下，抓获真凶，救下了弟弟，冤情大白，合家团圆。

采访者： 这些传统剧目你们后来有没有排演过？

王正洪： 前几年，我在东阳婺剧团重新恢复排演了传统戏《乌盆记》。这个戏说的是商贾刘世昌，主仆双双外出收账，被坏人赵大谋杀，尸体丢入窑中烧成灰泥，做成乌盆一个。樵夫张别古向赵大讨取烧窑的柴钱，赵大以乌盆抵付。张别古带着乌盆回到家里，乌盆突然开口向张别古诉说了冤情，并要求张别古代它向包公申冤。包公受理此案后，在钟馗的协助下，捕赵归案，并将赵依法处决。

王正洪传承《摆路头》

2014年的时候，我在东阳婺剧团排演了一个折子戏，叫《摆路头》。讲的是明清时期，七月十五鬼节午夜，主人公憨厚伯、黑白无常在云南山野十字路口一座雕栏玉砌的三拱"阴阳桥"相遇，通过憨厚伯的叙述，引出了阴阳桥的来历和京中大官汤大才因贪谢罪的故事。黑白无常的夸张滑稽的动作，反映了惩恶扬善的主题。

四、吃苦耐劳，练得一身好功

采访者： 到了"王新喜"班以后，教您做戏的师傅主要是谁？

王正洪： 是赵岩依，他是文武小生。6岁那年我进了"王新喜"班以后，是他负责教我戏曲基本功。陆加祥教我敲大锣。我一边学打大锣，同时学敲小锣。刚开始时，师父叫我坐在后场的乐队边上，一边看戏，一边用耳朵听锣鼓，教我用手在大腿上学起打拍子。我照师父的要求听、看，天天如此，看戏、听戏、听乐队的锣鼓和丝弦伴奏。这样过了半年，师父就叫我正式敲大锣了。

敲小锣后，每月有两枚白洋作报酬，夜晚演出还领来两根蜡烛作为津贴。后场的乐队闹过花头台后，两根蜡烛就归自己了。第三年我就坐"三弦"了，即锣鼓钹等三样乐器，也叫"三响"。两只手并用。第四个年头学唱戏为主，兼管"三箱"，管理武堂服装，还兼前台半个角色，做老虎、龙、狗、猫等动物，有小孩子的角色，就叫我上台演。那时我已有一点武功的基础了，掌握翻前桥、耕田翻和桌子上连翻等基本功了。演出时学打击乐，其余时间就是练基本功。经过五年学习，基本上所有的跟斗我都会翻了，12岁就能翻20个小翻。

当时，我是整个戏班里最苦的一个，也是最小的一个。其他都是老演员、老艺人。我家最穷，要过饭，到戏班里有饭吃就高兴死了。因为我年龄小，生活不能自理，我妈妈从那以后就跟着我，一起卖卖茶，照顾我。

采访者：您当时学得怎么样？

王正洪：刚进班子，一切觉得陌生又新鲜，天天有戏看，演出的地方每天都热热闹闹的。更重要的是有饭吃了，不会饿肚子了，虽然学戏很苦，但和以前相比幸福多了。所以对学什么技艺都很有兴趣，都很用功学。

采访者：学的过程中您觉得苦吗？

王正洪：同时有两个老师在教我，学习量是非常大的。6岁的我从未叫过苦。演出时陆加祥老师都叫我坐在他身旁，看他如何工作。开始时，教我用手在自己大腿上打拍子，不停地打，不停地练，拍打的时间长了，大腿都打肿了。这样练了很长时间，一直练到差不多能跟上老师的节奏，能按老师的节奏打了，再试着学习用实物练着打。刚开始时老师让我敲大锣，把大锣用绳子挂在上场门屋梁上，跟着老师们一起打。老师们在后场打，我在上场门边上打，也算是正式演出了。这样打了一段时间大锣后，老师又教我敲小锣，小锣的节奏变化比较多，难度也比大锣要大许多。我的脑子灵，学得便不是很困难，很快就学会了敲小锣。演出时，我除了打小锣，还要兼职"值台"。"值台"就是演出中专门搬桌椅和道具的人。一边敲着小锣一边摆放道具，要一心两用，刚开始时比较难，经常顾此失彼。时间长了，慢慢地我都能熟练地操作了，也得到了后场老师们的夸奖，说我这个小孩子机灵。

除了演出时间，其他时间我就是学武戏的基本功，拿顶、压腿、跑虎跳、打踺子、练旋子、甩小翻劲等。赵岩侬老师比较严厉，不会因为我年纪小而马马虎虎。每项练习都得做50个，拿顶必须一炷香时间，压腿必须加沙袋，那个练得汗流浃背、浑身酸痛啊！练功结束，人出汗出得像是从水里捞出来似的，全身没有一个地方不是酸痛的。但我从未叫过苦，也没有因为疼痛流过泪。因为我从小受苦太多，比一般孩子懂事。在这里有饭吃，不用饿肚子，就感到心满意足了。戏班子里的老师们都很喜欢我，就是喜欢我会吃苦，也常夸我是个勤学苦练听话的好孩子。

采访者：在"王新喜"班，您印象最深最难忘的事情有没有？

王正洪：有一次在武义演出，演到最后一个晚上，地方要求我们演天亮戏。所谓天亮戏，是指从晚饭后开演到第二天鸡报晓，铳声鸣响才收锣。天亮戏至少要演两本正本和三个折子戏，还要加演"八仙""扫台"。然后要转场到下个演出点——武义宣平"拼会场"。"拼会场"就是斗台（斗台就是由地方请两个以上剧团同时演出，以台前观众多的戏班为胜者）。所以，每个戏班在"拼会场"时都会拿出最高质量的看家戏和对方竞争，演出状况是空前的激烈和精彩。

我是敲小锣的，天亮戏演完后做好扫尾工作，然后跟着大家一起转场。走着走着，我内急便自顾自去找茅厕了。谁知等我从厕所出来，戏班子人不见了，已看不见他们了。我向前追赶，拐了个弯走到一个三岔路口，附近没有人，我没有地方问询，就随便找了一条路走，结果走错了方向。我一直往前走，越走越快，一心想赶上他们，可是走了30多里路还是没追上他们。这时天渐渐暗下来，应该是吃晚饭的时候了。正惶恐时，走来一位老伯问我："小孩儿，你是从哪里来，要到哪里去啊？"我说我迷路了，我要去武义宣平演戏。他说："你走错方向了，这里离宣平有30多里路哩。"我当时真像一只离巢孤雁，又累又饿又伤心，但我没有哭。老伯看我年纪小可怜，同情地说："你这么小的孩子怎么吃得消再走30多里路，还是先到我家住上一晚，明天吃过早饭再走吧！况且天都快黑了，我们这山区经常有老虎野兽出没的。"当时我感动得跪了下来，连说"谢谢谢谢"。

我在老伯家吃了晚饭住了一宿，第二天老伯担心我又走错路，就亲自把我送到宣平演出点。

当我到达时，母亲和戏班的人正急得团团转，不知去哪里找我。看到我时，母亲一个箭步扑上来抱住我，问："儿呀，你走到哪儿去了啊？"然后控制不住大声地哭了起来，戏班的老师们对老伯不住地千恩万谢。这件事讲起来就像是昨天刚发生似的，深刻的印象让我终生难忘，老伯的善举至今感激在心！

采访者：王老师您第一次登台表演是什么时候，您还记得吗？

王正洪： 记得，我那时登台演出是"打台"。我们拼会场的时候，一定要"打台"。所谓"打台"，就是各显神通展示戏班武功，以翻跟斗为主。因为我从小就学会了武功啊，所以每次"打台"我都参加。前桥啊，后桥啊，单小翻啊，旋子啊，这些跟斗我都会一点。另外，如果戏中需要儿童角色，我也要参加演出。

我真正意义上的上台表演应该是中华人民共和国成立以后，15岁的时候表演《小放牛》。那天，团长潘池海把我叫到办公室，郑重告诉我，团要里排一个小戏《小放牛》，主角是个小牧童，准备让我来演。听到这个消息，我有点不敢相信。因为以前上台演的都是没有台词的阿狗阿猫和没有几句台词的小孩角色，属于客串之类的，连配角都谈不上，我认为这种客串就是演得再好也不会有人关注，所以这一次团长让我演主角，我很激动，向团长保证说："团长，您放心，我不会让您失望的！"

《小放牛》的故事情节是比较简单的，讲的是一男一女两个小牧童，一边放牛放羊一边对唱，再加上一定的动作表演，反映出新旧社会的牧童生活，体现了社会主义制度下的美好生活。采用的是"时调"的唱法，戏里有唱，有做，还有舞，两个牧童配合要相当和谐默契，要演好也不是一件很容易的事情。接到任务后，我不敢有丝毫懈怠，一边反复咀嚼剧本，细细揣摩人物心理特征；一边领会导演意图，不断向导演请教沟通，力求每一个动作、台词、唱词都达到标准，准确到位。

在我的努力下，首演获得了成功，台下观众报以热烈的掌声。表演结束后，我走到台下去，观众们知道我就是台上扮演牛娃的小演员，都围着我转，把我当成小明星。我别提有多高兴了！团里的其他演职人员和老师们也对我刮目相看了，都觉得我是个人才。团长潘池海更把我当成一棵好苗子来培养，他又把婺剧中的重要角色交给我来演。慢慢地，我成了剧团中不可缺少的骨干分子。

五、离团进团，从敲锣到演员

采访者：1949 年 10 月 1 日中华人民共和国成立，后来农村土地改革，就是戏班要解散回家啦，请您把这个事情讲一讲。

王正洪：好的。1949 年 10 月 1 日，中华人民共和国成立了。接着实行土地改革，戏班子暂时无法演出，我也回家了。当时，爷爷奶奶都过世了，叔叔也病死了，我的父亲被抓壮丁不久后也回来了。家里就是我和父亲母亲三口人。父亲好吃懒做的恶习不改，不管我和母亲的死活。我和母亲在戏班子里时，他专门到我们这儿来拿粮食。我爷爷活着时是木工，细、粗木工都会来的，我父亲也会做木工。他自己出去做木工时是有饭吃的，却一点都不管我们是否饿肚子。有一次我实在是饿得慌，把家里翻了个遍，找到个柜子，上了锁的。撬锁我还是有本事的，绳子一拉一敲就敲出来了，但里面只有一点点葛根粉，我就把葛根粉泡起来垫垫肚子，结果父亲回来发现后狠狠地骂了我。我就顶了回去，说："你困难的时候知道来戏班里拿米，我现在回来了，你只顾自己在外面酒肉饭吃吃，却不管我们死活！"

为了填饱肚子，当年东阳修堤坝，我就去挑石块赚饭吃。11 岁的人，挑一百来斤重的石块，来回走 70 里路，回报仅是两斤谷子。我一个婶婶看我可怜，把我接到她家里去，为她拾柴、看牛，夏天我就去稻田里抓鱼，就这样总算过着能填饱肚子的日子。

采访者：20 世纪 50 年代，在"王新喜"班班主潘池海的引荐之下，您三考出身，进入了东阳婺剧团，然后专攻武生武丑。那潘池海为什么要推荐您进婺剧团？

王正洪：因为我在"王新喜"班有过 5 年的学艺过程，基本功比较扎实，能翻 20 多个"小翻"和连续 9 个"虎跳前扑"，还有"出场"等大跟斗，小小年纪这么会翻的确实少见，当时也有一些小名气。潘池海老师对我的印象相当好，很了解我，也很欣赏我；我也曾看过他们的戏，所以相互并不陌生。他们刚刚把"老紫云"班"新紫云"班和"王新喜"班三个班组成一个婺剧团时，他便想到了我。于是徒步从城里来到我家，一见面他就说："小鬼，到城里去，到城里的剧团去。"我当时真的很兴奋，为了感谢潘老师的推荐之恩，就包了一大包鱼干，约 5 斤，送给了他，以表谢意。当时实在买不起东西赠送啊！

进团后，我先是在乐队敲锣，也参加"打台"翻跟斗和演一些小孩儿的戏。潘老师看我工作卖力，表现不错，又让我管"三箱"。三箱指的是戏班的行头道具箱，需要一个负责任的人看管。一年后，我就转为正式演员，以演戏为主了。

可以说，潘池海是我戏剧生涯中最重要的一个人物，是他把我引入东阳婺剧团，是他一步步地指引我、培养我走上戏剧艺术表演的道路。

采访者： 您到东阳婺剧团后演的第一个戏，演的是什么角色？

王正洪： 到了剧团以后，我参加演出的第一个戏是《刘文学》，我真正演戏就是从《刘文学》开始的。这部戏中，我扮演刘文学。刘文学是一个少年英雄，出生在一个贫苦农民家庭，从小受地主老财欺压，直到中华人民共和国成立，他们全家才过上好生活。为维护集体利益，年仅14岁的刘文学被地主害死了。这是为当时时事政治宣传的需要，由一个真实的故事改编成的戏剧。

采访者： 这个是不是现代戏？您演这个角色有什么感受？

王正洪： 是现代戏。我演这个戏最大的感受是：要演好一个角色，必须要有生活体验。艺术源于生活，高于生活。为了真实反映刘文学被火烧得遍体鳞伤时，还忍着疼痛，艰难地挪动身躯爬去抢救国家财产的那种大无畏精神，为了找到这种真实感觉，我就到一块全是淤泥未曾插秧的水田里，脱去上衣趴在泥水中爬行体验，体会刘文学带伤爬行的难度，那个可以说是寸步难行。后来，我又设计出一系列跌、滚、爬的戏剧动作，用在了舞台表演中，获得了观众的热烈掌声，演出成功了。

采访者： "三考"出身是怎么回事？

王正洪： 一般说的"三考"指的是科举时代经过乡试、会试、殿试的进士，现代引申为行业中经过规范培训的佼佼者。戏剧中的"三考"除了有这个意思外，还有一个"三敲"的意思。这个"三敲"是戏剧的专用名称，所谓"三敲"出身，就是敲大锣、小锣、双响这三种乐器。也就是说，一进戏班就按戏班这个不成文的秩序和规矩培养出来的人，这种人全面掌握乐队、后台、前台的基本功。"三考"出身标志着受过正统的培养，是有真才实学的人。就我而言，进戏班就从乐队开始学打大锣，后打小锣、双响，后来管"三箱"，兼带演一些猫、虎、狗的小角色，叫"半个角儿"。再后来就以演戏为主，就是全职演员，那就成了角儿了。

因为我武功比较好，成了角儿后先演《武松打店》中的武旦——孙二娘；后又演《武松打店》中的武生——武松；到后来不仅能演武生戏，还会演武旦戏。1955年后还演摔打花脸戏、老生戏等，戏路子是越演越宽，演遍了生、旦、净、末、丑各行当中的角色。

1955年王正洪饰演穆桂英

采访者：武丑是怎样的角色？

王正洪：武丑是戏剧角色行当丑角中的一种。侯阳高腔的角色行当，最早为十二个角色，即生堂的老生、老外、小生、副末；旦堂的花旦、作旦（亦称贴旦）、正旦、老旦；花脸堂的大花脸、二花脸、小花脸、四花脸。后增加武小旦与"杂"（有的地方也叫"三箱"）。"杂"作半个角色，习称"十三顶半网巾"。至三合班时期，又增加"小贴"与小旦，共十五个半角色，但真正属于侯阳高腔的仍为十二个角色。各种角色的特征是这样的：

老生，指扮演中年、老年男子的角色。

老外，指专演老年男子的角色，一般挂苍白须。

小生，指扮演青少年男子。按照饰演人物的不同，一般分为娃娃生、穷生、扇子生、纱帽生、翎子生等。

副末，指演出开场时向观众介绍剧情概要的角色，兼做杂差。

花旦，指青年或中年女性的形象，性格活泼或泼辣放荡，常常带点喜剧色彩。

作旦，扮演年轻女子，常为花旦之配角。

正旦，扮演的一般都是端庄、严肃、正派的人物，大多数是贤妻良母，或者贞节烈女之类的人物。

老旦，是扮演老年妇女的角色。

《秦香莲》中包公脸谱　　　　　　《闹龙宫》中龙王脸谱

　　大花脸，主要扮演性格、品质或相貌不同于一般，而且主要表达有突出特征的男性人物。化装用脸谱，音色洪亮，风格粗犷。这些人物的性格、品质或相貌特征，是借以特定的脸谱来表示的。也就是根据人物性格、品质、相貌的不同，和红、黑、白、黄、紫、绿、蓝等颜色，按固定的图案，进行面部化装。这种面部化装，称作"勾脸"。脸谱不仅仅是为了突出人物的性格，而且也是表示对人物褒贬的手段。

　　二花脸，这是"副净"的俗称，介于净、丑之间，亦净亦丑，亦文亦武，擅饰憨厚蠢笨的角色，有时候还扮演一些诙谐狡猾的角色。

　　小花脸，是个喜剧角色，化装虽与大花脸有点相像，可是它的表演风格却完全不同，有点像夸张的漫画，常会带来满堂的笑声。其扮演的角色，忠奸善恶，男女老少，几乎无所不包，且文武不挡。旧俗在戏班中地位最高，能代表老郎（戏神）在班中执法、待客、议事，乃至引路、开饭揭锅盖，均须小花脸领头。

　　四花脸，指花脸行的次要角色，在较多戏中则扮演奴仆、家将、皂吏、报子之类。

　　武小旦，指专演旦角武打戏的角色。

　　杂，指演剧中次要人物的杂色，也演龙、老虎、狗、猫等角儿，一般也兼管"三箱"。

　　武丑就是小花脸，专演跌、打、翻、扑等武技角色，能说能跳，能翻能打，表演活泼伶俐或有武技的角色。武丑是一个对表演技巧要求特别高的角色，要演好它可不容易，须练很长时间的功夫，那都是实打实练出来的，来不得半点虚假。

采访者：您当时这些功夫是怎么练的？

王正洪：提起练功嘛，确实是项吃苦的活。行内话说"内练一口气，外练筋骨皮""台上一分钟，台下十年功""冬练三九，夏练三伏""要在人前显贵，必在人后受罪"等，都是针对戏曲演员练功的要求。练功很严也很艰苦，我们团在江西弋阳演出时，全团掀起练功高潮，互相竞争，那时我最年轻，练起功来有拼命三郎的劲头。在不演日场的情况下，我一般在早上4点就起床练，练到8点。早饭后继续练，下午也练，有时夜戏结束后还要练几下，一天下来几乎练10个小时左右。

采访者：您主要练了哪些功？

王正洪：首先是"拿顶"，双手撑地，双脚踢在墙上，身子倒立一炷香时间。过去没有钟表，老师都以点香计算时间，一炷香点完大概要半个小时，香未点完是不准下来的。后来我练到点完一炷香都一动不动，任凭汗水流湿衣襟也依然坚持，我从小就不怕苦，也很能吃苦。

接着就练小翻功50个，跑虎跳50个，打蹦子50个，每次都练得大汗淋漓。另外，武功演员必须练出一双铁腕子，这是基本功中最基础的功夫，因为翻跟斗总有失手时。有一次我在翻"云里翻"跟斗时（云里翻是跟斗中难度较大的跟斗，演员在空中翻转一圈落地），人站在桌子的边沿，身子往后翻，从高处翻下，没有把握好劲头，一下摔出去，头部先着地了，幸好我反应快，用双手撑地抱头，保护住了头部。没有双手保护，我就完蛋了，残疾了。通过练功，练就一双铁腕子手是非常重要的。

练功是一项扎扎实实、滴水穿石之事，必须天天练、时时练，一天不练三天白练。前辈们也经常告诫我们，戏曲演员要做到曲不离口、拳不离手，反正一个字：练。

说也奇怪，练功我从不怕吃苦，非常自觉地天天练，到后来一天不练浑身难受。当然，我也收获了勤练功的丰硕成果，当时我能一口气翻30多个小翻，连续翻9个虎跳前扑及垛子三蛮子、出场、倒插虎等大跟斗。

采访者：练功具体是有些什么内容的？

王正洪： 各行当的演员首先都得练习"拿顶功"（倒立）。"拿顶功"行话叫"万能功"，练的时候两肩膀用力撑地，手指抓地。练习"拿顶功"能增强上肢支撑力量，让下身变得轻巧，解决上下身不协调的问题。一个人有没有练过"万能功"，台步一走就看出来了。

戏曲表演有"四功五法"之称。四功就是"唱、念、做、打"，这是中国戏曲表演的四种艺术手段，也是戏曲表演的四项基本功。唱，指唱腔技法，讲求字正腔圆；念，即念白，是朗诵技法，要求严格，所谓"千斤话白四两唱"；做，指做功，是身段和表情技法；打，指表演中的武打动作，是在中国传统武术基础上形成的舞蹈化武术技巧组合。五法就是"手、眼、身、法、步"，是戏曲表演艺术的五种技法。"手"指各种手势动作，"眼"指各种眼神表情，"身"指各种身段工架，"法"指表演的程式与规矩，"步"指各种形式的台步。每一项都是功啊！每个演员都要经过"四功五法"的基础训练，而且各行当还有各自的程式表演技巧训练，有时也可运用跨行当的技巧为塑造人物服务。

采访者：王老师，请您谈谈塑造角色的体会。

王正洪： 表演有一定的假设性，但你所扮演的角色一定要有真情实感。我扮演过一个穷困老农，头戴毡帽，身穿破袄，裹脚，穿很破的鞋子，用一段低沉忧伤的"反二黄"（婺剧曲牌）唱段，述说着自己不幸的遭遇和困苦生活。虽然只有一场戏，但演到最后，我的眼泪哗哗流了下来，感动得观众在台下唏嘘不已，这就是表演的功力，艺术的魅力啊！如果该流泪时却流不出眼泪，那证明你这个演员内心没戏，眼睛表演无技巧，要练眼神。我是这样练的：用眼睛牢牢盯着太阳看，直到被太阳光刺激得流出眼泪，然后记住流泪的感觉；表演时想到自己的苦难身世，通过情感借鉴，这样内外结合，眼泪自然而然地流了下来。掌握住表演诀窍后，我是要哭就能哭出来，要笑就笑，要怒就怒，要喜就喜，收放自如。

演员嘛，就应该善于表达喜怒哀乐的表情。人常说"一身之戏在于脸，一脸之戏在于眼"，一双眼睛一定要会演戏，不会运用眼神的演员，不是个好演员。

17岁那年，我在江山演出现代戏《箭杆河边》，在剧中扮演一个老富农。第二天开座谈会，当地文化馆馆长说："你们昨天演地主

1975年王正洪调查了解民间艺人

富农的那个老演员啊,演得真不错!把地主老财的那个奸刁阴险演得活灵活现,相当真实,这个老艺人该有70多岁了吧?"大家听了哈哈大笑起来,说他哪有70多岁,他就坐在你的对面,今年才17岁!馆长傻掉了,说17岁的人扮演老地主富农,年龄跨度这么大,演得这么像,真了不起。

20世纪70年代,全国学习排演样板戏时期,我在《智取威虎山》一剧中演过两个人物:一个是杨子荣,一个是李永奇。我演李永奇,当唱到"羞愧难言……"时,同样赢得观众的掌声,证明我模仿得相当准确,因为样板剧中的李永奇唱到此句时也是有掌声的。

一个演员的模仿能力是很重要的,初学表演时总是要以模仿为主,然后加进自己的创造,对角色性格特点进行分析理解与把握,积累丰富的生活经验,用于塑造人物角色。我就比较善于观察生活,然后把内在的体验和外在的表现有机结合,来塑造各个不同的人物角色,特别注重个性、特点的塑造。

采访者:您平时会专门去琢磨人物内心感受吗?

王正洪:是的,刚学戏时肯定要以模仿为主,特别是戏曲表演,它有一整套表演程式,在把握了程式表演的基础上去琢磨人物的内心世界,才能入情入境入心,才能完美地表达人物角色。在扮演不同的角色行当时，我都要自己去钻研剧本，吃透自己要演的这个角色，然后自己有空的时候就琢磨这个人物角色，该怎么走路，怎么说话，碰到什么事情内心会有什么想法，外在会有什么动作表现，什么面部表情，等等。只有研究透了，才能把人物角色演活。

采访者：王老师，您刚才站起来那一下叫什么步？请您再示范一下给我们看看。

王正洪：（示范动作）这个叫戏剧表演的"老步"，经常用以表现一个贫穷农民走路时的样子，步伐缓慢，身体摇摆，显得穷困潦倒。"老步"应该根据角色的形象来设计，生活困苦的就是按照生活困苦的样子走（示范动作），应该是这样子

王正洪指导《张别古讨债》

1988年王正洪参与编舞的《兜鱼》获金华市"五月音乐会"暨省第二届音舞节选拔赛舞蹈作品三等奖

的。反正塑造一个人物，必须按照剧本提供的内容，了解他的性格、身份、地位、年龄等，全面考虑设计他的动作。我是男女老少都演过，我这么大年龄还自编自演《兜鱼》中的小男孩，获过省创作三等奖。

采访者：《兜鱼》是怎么演的，特别是表情？

王正洪：兜鱼啊，喏，是这样的……（示范动作）

采访者：《兜鱼》这戏的内容是什么？

王正洪：反映男女俩小孩抓鱼的过程，边嬉戏边以各种身段表演捉鱼、赶鱼、网鱼、戏鱼、夺鱼、抢鱼……各自抓到鱼后高兴地回家了。我近50岁的人，塑造的是一个可爱顽皮的孩子形象。

采访者：你们每到一处地方都边演出边练功吗？

王正洪：对，我们几乎都在台上练的，一有时间就练。那时候年纪小，我平时演出的时候都是打大锣敲小锣坐三弦，空下来都是在台上。我印象最深的是有一次我在台上练功，有两个农村的小孩也在台上一起玩，玩着玩着就抱起来滚，滚着滚着两个人一齐摔到台下去了。看到他们往台下掉时，我赶紧跳下台去接。那个台有一人多高，他们整个人压在我身上，大家都以为要把我压坏了。但我起来后检查了一下，一点儿都没有受伤，因为我有扎实的基本功，身体的柔韧性很好，筋骨强壮。

那时候，我天天坚持练功，身体很好，从来不感冒生病。有一次，我们转场正好碰上天下大雪，地上积雪一尺厚，我只穿一件上衣、一条裤子，打着赤脚走了30里路，那个艰苦没法说。要赶日场戏，到了演出地，放下行李就做演出准备，演完戏后没到开饭时间还得练功。演员嘛，就得"拳不离手、曲不离口"地练，好在我能吃苦。

六、演猴子戏，人称"婺剧界的小六龄童"

采访者：王老师，请您谈谈进入东阳婺剧团以后您的一些工作和生活，好吗？

王正洪：好的。中华人民共和国成立之初，东阳县文化局以"王新喜""新紫云""老紫云"三个老三合班为班底，组建了东阳县剧团，不久改名为东阳县婺剧团，也可以说当时东阳民间最优秀的婺剧表演人才都聚集在这里了。在旧社会，戏班子里的做戏人都是穷人，被人叫为戏子，社会地位低下，被人瞧不起。现在，戏班子变成了政府的剧团，戏子和师傅改称为演职人员和老师，成了吃"皇粮"的公家人了。对于身份的改变，大家都很开心，干劲也特别足，每天都喜气洋洋的，做事情都充满了干劲，练功、表演啥的不用人督促，都很自觉，也很勤奋。进婺剧团后，我的母亲也跟着我进了城，我们在剧团附近租了一间房子，在剧院门口做小买卖。

中华人民共和国成立后，党和国家十分重视文化艺术工作。过去演戏是为了有口饭吃，心里只想着把戏演好，让更多人喜欢，这样就不会失业了。现在，我们演戏的成为新中国的文艺工作者、"人类灵魂的工程师"，我第一次感到演戏的光荣。

我从6岁学艺起，就想老老实实演戏，想法也很简单，就是有口饭吃，做一个和前辈师傅们一样有名气的好演员。进了国有剧团后，内心特别激动，好像如鱼得水，畅游在艺术的海洋，真有"海阔凭鱼跃，天高任鸟飞"之感啊，越发地发奋用功，进步也很快，工作也很认真负责，16岁那年我就担任业务副主任一职。

我没有真正地上过学读过书，不认识字，是乐队老师王岩孝教会了我认字，他是让我感恩一辈子的文化启蒙老师。王岩孝老师曾经是小学老师，他发现我是个勤奋好学的孩子，就赠送我一本《四角号码词典》，并教会我拼音和如何用拼音查阅词典。为了提高自己的知识水平和文化艺术水平，我把王老师送的《四角号码词典》当作宝贝，每天随身带着，没有排练和演出的时间，就自己一个人躲在角落里琢磨习字。晚上就点上蜡烛，常常自学到深夜。遇到问题就向王老师请教，王老师很有耐心，我有不懂的地方都会耐心教我，直到学懂为止。半年多后，我基本学会自己查字典了，认识了很多字，也能看懂一些本子了。

后来，我又学会了一笔一画地写字、看剧本。再到后来，我又自学创编剧本、写曲子、做导演。这一切，靠的就是《四角号码词典》。

我就是这样几十年如一日地边学习，边钻研，边实践，硬生生地啃下了苏联格·古里叶夫的《导演学基础》、斯坦尼斯拉夫斯基的《演员的自我修养》，还有《焦菊隐戏剧论文集》、梅兰芳《舞台生

王正洪在《闹王宫》中饰演孙悟空

活四十年》及《戏曲武功教程》等书籍。

  武功是我的强项,但我的嗓子条件不是很好,所以,我就着重在塑造人物角色上下功夫,来弥补唱腔上的不足。为了鞭策自己,曾取了"王亚飞郎"的艺名,为的是提醒自己唱腔不足的一面,要注重其他技巧的腾飞。通过努力,我成了东阳婺剧团的挂牌演员(当时挂牌演出的有全能演员潘池海、老生陈法森、小生陈志新、花旦叶绿妹、武生王正洪)。

  我最拿手的是"猴子戏",演过很多"猴子戏"。为塑造好孙悟空这个角色,曾去拜过浙江绍剧团六龄童为师(南猴),观摩学习过李万春、李少春、李小春的猴戏(北猴),集南北猴戏众家之长,形成自己的表演风格。《大闹天宫》《通天河》《三打白骨精》《平顶山》《火焰山》《真假美猴王》等猴戏在当时久演不衰,人称我是"婺剧界的小六龄童",在金华地区名噪一时。

  我非常热爱戏曲事业,担负起剧团里重量级的武功戏演出,全身心地扑在工作上,对家庭就疏于照顾了。母亲重病住院期间,我都没有请过假,坚持每晚演出完后再赶去医院陪伴老人家,第二天照常上班。那时演出实在太累了,在医院怕母亲叫不醒我,就用根绳子一头拴在母亲的病床头,一头绑在自己的手腕上,好让母亲需要我时拉动绳子把我叫醒。但孝心仍抵挡不住病魔的猖狂,母亲还是在那一年去世了。

《火焰山》中猴子脸谱

另外妻子坐产、流产，我都在外地演出，根本就不可能回家照顾，都是她独自承担生活的全部负担。

我知道演出是一项综合性很强的工作。我自己既是个业务负责人，又是主角，请假势必会打乱整个演出程序，或更换剧目或顶补角色，都要排练等，会给剧团增加许多麻烦，所以只能舍小家顾大局，现在想起来真是有些亏欠家人。

采访者：王老师，您刚才说到演过许多猴子戏，那请您说说关于您和猴戏的事。

王正洪：演猴戏主要是接我老师的班。我的老师是潘池海，因为他的猴戏我也演过，《通天河》《火焰山》《真假美猴王》《大闹天宫》等等这些猴戏。在金华的时候，六龄童他们的绍剧团也曾来演出，我们演完了他们演。我向潘池海老师学了猴戏后，因为我模仿能力较强，看到过就会演。后来我看到六龄童的戏，那我就学他的戏，学"毛猴"（南猴）的戏。在最后一个晚上，我演了《三打白骨精》，六龄童刚好看到我演的这个戏。

采访者：六龄童看了您的猴戏后有没有讲什么？

王正洪：他看后就讲了两句话。他说："小王啊不错，你不错，你模仿我，学得很准确。"他说："好好学再努力，也要结合一下'北猴'李万春、李少春的猴子。"他还说看机会吧，意思是到时候看机会把我调过去。

采访者：那后来有没有被调过去呢？

王正洪：怎么讲呢，这叫命运。金华地区下过调函文件，团里把文件扣牢了；还有省里绍剧团也下过调函文件，调我去演《三打白骨精》，也被扣牢了。后来，我是拜六龄童为师的。

过去我是演猴戏当家的，我会6个猴戏。六龄童老师看到我演的猴戏后，觉得不错，想把我调到他身边演猴子，但是我们团里不让

王正洪在《孙悟空》中的剧照

我去。到 1956 年吧,我到京剧团去进修。刚开始我们都以学习练功为主,不敢露功夫的,后来我们练功的时候,给他们看到了,说我武功这么好的,就叫我上台演出了。我呢,当玩去了,因为那个时候我能够翻 40 个小翻。

后来地区下文要借调我去浙江婺剧团,上北京汇报演出。那个时候我已经是东阳婺剧团的艺术主任,是主要演员,我这个猴戏是挂牌演出的,如果把我调走,我们团的猴戏就没人演了,还有武生也没人演了(我是唱武生的)。

我演猴戏是我的老师潘池海培养的,他的戏都传给了我,教我演,还叫我当导演。那么我是一边当导演,一边又是主要演员,什么角色都演过。有人有事情要请假,团里演出不能停下来,少了什么角色,我都能顶上去演。在这种情况下,浙江婺剧团要借用我,绍剧团六龄童老师要把我调走,团里觉得离不开我这个人,只好把消息封锁,干脆不让我知道。这些事情我都是事后才知道的。

采访者:猴戏在您的艺术生涯里占了什么样的地位?

王正洪:我在 1962 年上北京演出的时候,曾经看过"北猴",就是李万春、李少春他们演的猴子。我们南边的是六龄童,是"毛猴"。我把两种风格结合起来演。李万春、李少春他们以武生的身架演的（包括其中的动作）。"南猴"是生物模仿，突出猴子原生态的动作形象，身子蹲得很低的。"北猴"就不一样了，大大方方的，因为它是神化了的。

我学李万春、李少春的猴戏，觉得演猴子不能跟真的猴子一样，因为它已经是神猴，变神了，就是说有了人形特点，所以他用武生行当演的。我本身也唱武生，在京剧团进修时又是由武生陈友亭、郭德发老师带的，还有一个花脸，这两个老师教我。

我在北京看李万春和他儿子李少春演的猴戏时，票价是2块钱一张，过去在剧团里，10块钱我们能过1个月呢！但为了看戏我很舍得花钱，我们在北京整整待了1个月，空下来我就去看戏，见多才能识广嘛。

七、进京演出，受周总理夸奖

采访者：1956年，您参加金华地区青年演员汇演，演的是《打郎屠》，获得了青年演员一等奖，请讲讲这个情况。

王正洪：当时，金华婺剧团升格为浙江省婺剧团，这年7月，金华地区举行首届青年演员大汇演，说白了就是青年演员的大比武。金华地区当时的县剧团都很重视，大家都全力以赴，希望能在大比武中夺得头彩。这一年我刚好17岁，团长潘池海找我谈话，希望我好好把握机会，借此良机展示和提升自己的艺术水平。我也信心十足地答应了，决心在比武中取得好成绩，回报团长的信任。

后来，经过研究，确定了参演剧本《打郎屠》。《打郎屠》原来是婺剧昆腔传统剧目《赵匡胤怒打郎屠》中的一折，也是我们婺剧最有特色、最具代表性的"拳头戏"，它的特色在于武打中的"三跌头"，其他剧种是没有的。这是一个除霸打黑、弘扬正义的武打小戏。剧情说的是"肉霸"（卖猪肉的）郎屠和徒弟强行买卖，欺压百姓，解甲归田的鲍七公和侠女周英为此打抱不平。整个戏充满幽默诙谐的打斗场面，颇受观众的喜爱。

"三跌头"又称"打配手"，是婺剧武打戏中特有的表演程式，打擂台、比武中常用它，以徒手对打为主，分为"大三跌头""全三跌头""半个三跌头"，其中有"手提""过包""背包""叉包""牵手加官""扑虎""抢背"等复杂技巧。

1995年王正洪自导自演《打郎屠》

我扮演的郎屠属于摔打花脸的行当,但我是演武生行当的,有一定跨度、难度,不过我非常喜欢反串各种行当的表演。领导决定让我执导、加工排练,并参加会演。我考虑到郎屠这个角色,越是表现出他邪恶凶猛、有着高超武艺的一面,就越能反衬出鲍七公的英雄形象。于是,我设计了一段这样的武打戏:当两人对打至高潮时,鲍七公一把抓起郎屠,原地操翻郎屠30多个小翻后,突然拎起一甩,把郎屠甩出几丈远,紧接着郎屠一个"高空踩僵尸",被打倒在地,跪地求饶。这场戏扮演郎屠的演员必须具备一连串原地小翻以及空中踹僵尸的高难度技巧,方能反衬出鲍七公的力大无比和武艺高强。

采访者: 王老师,您刚才讲到"高空踩僵尸",这是怎样的一个动作?

王正洪: "踩僵尸"准确地讲叫"踹僵尸"。动作过程是这样的:整个身体跳起,双脚腾空并拢同时往前猛踹,使身体成平躺状摔下,摔下地时,全身内脏有强烈震动感。在摔打花脸和武生行当中都要用到"踩僵尸",属于难度较高的摔打动作。

为演好这个角色,我运用不少翻、滚、跌、打的特技。虽然演的是反面人物,观众却给了我最多的掌声鼓励。演出非常成功,我获得了青年演员一等奖的殊荣,也是这个剧目中唯一获奖的演员。

采访者：第一次得奖心情怎么样？

王正洪：得奖以后非常高兴和激动，总算没有辜负培养过我的老师和自己付出的努力，觉得今后还要更加努力。

采访者：1962年到北京演出《三请梨花》，您演的是杨凡，请把这个演出情况讲一下。

王正洪：1962年，以浙江婺剧团为主要演出班底，同时借用其他婺剧团的优秀演员，组织排练《双阳公主》《三请梨花》两台大戏，还有小戏《断桥》《牡丹对课》《僧尼会》《昭君出塞》，准备进京汇报演出。因为他们（浙江婺剧团）没有花脸，更没有会摔打的花脸演员，因此提出借用我。地区借用文函下来时，我们团不同意，理由是：我是团里的主要演员，这一借不知何时能返团工作，会对剧团演出造成困难和损失。所以，团里压着这个文件。

王正洪在《一箭仇》中饰演史文恭

后来金华地区调演，我演的是《一箭仇》中的史文恭，正演武场对打时，坐在前排看戏的周越先对身边市文化局局长说："就是他！就是他！"当年周越先是很有名气的婺剧花旦演员，又是剧团领导，她演的《哑背疯》可说是家喻户晓。她认出了我，于是在我演完戏后就直接把我叫去安排住宿，不让我走了，我们团领导也只好无奈默许了。

进浙婺后，我先后扮演过《三请梨花》中的杨凡和《双阳公主》剧中五虎将中的一个角色。另外，我还计划在《昭君出塞》这个小戏中演马夫，这个角色对基本功要求很高，拉空顶要拉三四分钟，要会翻很多跟斗（后来这个小戏未排）。从那时起，我便随团一路演到北京。

1962年赴京演出，武行合影

采访者：到北京演出几个戏？

王正洪：《三请梨花》《双阳公主》两台大戏，还有《僧尼会》《断桥》《牡丹对课》三个小戏。

采访者：王老师，请您讲讲进京演出的经过。

王正洪：当年由浙江婺剧团党支部书记卢笑鸿带队从杭州、苏州、南京、安徽一路演到北京，浙江省文化厅厅长史行同志也来到了北京。剧团在北京演了一个多月，曾经在怀仁堂、国务院小礼堂、政协礼堂、人民大会堂及东单、西单的剧场演出。

我们在怀仁堂演出《三请梨花》时，得知全体中央领导都要来观看，大家都又激动又紧张！古老的剧种——婺剧能在怀仁堂演出，能向中央领导汇报表演，这是何等的荣幸！

采访者：在北京演出期间，周总理看过几次你们演出的戏？

王正洪：周总理观看我们演出有三四次之多。在怀仁堂演《双阳公主》《三请梨花》时他都看过。《双阳公主》中我演的是五虎将中的一员，最后一场武打戏，我连续翻了30个小翻，然后接着打"三跌头"，特别卖力。《三请梨花》中我演杨凡。杨凡是番邦太子，是一员大将，又是樊梨花的未婚夫。樊梨花大义灭亲、弃番投唐激怒了杨凡，双方交战时有一场"刀劈杨凡"的武打戏。

我扮演的杨凡头戴长翎盔帽，身着大靠，扎着四面靠旗，脖子上围着狐狸长尾毛，脚踩增高靴子，手提大刀，全副武装有10斤左右，光这身行头就让演员行动艰难。在与樊梨花打到高潮时，樊梨花一个大甩刀将杨凡挑起，杨凡提着大刀翻"倒插虎"，接连"踹僵尸"，樊梨花手起刀落劈向杨凡，杨凡在空中成僵尸状直挺挺摔向地面，这组动作完成得利索流畅，配合默契，达到了较高的视觉艺术效果，台下掌声雷动。

1985年王正洪与徒弟合照

采访者：周总理对您是怎么评价的？

王正洪：一般带大刀翻"倒插虎""踹僵尸"这样大难度动作时都要卸去盔甲便于行动。但我在武打时没有卸去任何一样东西，照常完成这组高难度跟斗，也许被总理注意到了，我们带队的书记卢笑鸿同志在和中央领导开座谈会时，周总理表扬了我。那天会议一结束，卢书记就迫不及待地找到我，告诉我说："王正洪，总理表扬你啦！总理说穿了盔甲还能翻高难度动作，这就是生活的真实。"我听到这个消息时，心里真是比吃了蜜还甜，兴奋了好几天。

八、塑造角色，演一个爱一个

采访者：1989年在浙江精英大赛中，您演了《十五贯》，请讲讲这个参赛的情况。

王正洪： 接到精英大赛文件时，我曾犹豫过，在团里负责全面工作已够累够忙的了，要参加大赛势必加重自己的工作量，不参加的话将失去对我技艺的检验机会和学习机会。

我酷爱自己的事业，又特别喜欢塑造不同年龄、身份、性格的各类人物形象。以前演过《打郎屠》摔打花脸行当"郎屠"获过奖；演《春梅》中文丑行当"阿富"获过奖；后来，为学生排过武生行当《火烧子都》，学生获过两次金奖。在这次大赛中能否尝试一下另一个行当的角色塑造呢？根据我当时的条件，年龄偏大（50岁），嗓音条件有限，如何选择角色是首要问题。从表演方面讲，我不喜欢让角色来适应自己，更愿意通过努力去塑造角色。有距离、有跨度才会有艺术创作的乐趣。最后，我选定了《十五贯》中娄阿鼠的一个片段表演作为参赛节目，定名为《鼠祸》。

这个人物是个反面角色，会偷窃，最后发展为谋财害命，是个有特点、有个性，值得去研究和创作的角色。但娄阿鼠这个角色是昆剧团前辈王传淞老师的名作呀！他塑造的娄阿鼠在观众心中是定了格的，我怎么演得过他呢？思虑再三，突发灵感。哎，对了，王老师的"娄阿鼠"是文演的"文鼠"，我何不来个"武鼠"表演，来一个文戏武做，运用自己扎实的武功基础塑造一个另类的娄阿鼠。这可是在给自己出难题，挑战自己的决定，但这也是表演探讨的新课题呀！我被激发起极大的创作欲望，一定要下功夫塑造好这个角色！道白没什么，我运用"南腔北调"来体现娄阿鼠这个人物的个性，采用低沉、柔缓的侯阳高腔揭示他的空虚、浪荡、无所事事和游手好闲的内在本质。在他行窃过程中，用了各种爬行技巧，有仰天背部爬行、伏地双肘爬行、滚动爬行……发现

1989年王正洪在《十五贯》中扮演娄阿鼠（左一）

油葫芦时，踮步上桌，在桌上来个360度旋转，紧接着"抢背"翻下，用双手双脚撑地，身体悬空扑……扑……扑，横向移动，用矮子步、蛙子步轻轻躲避。一连串的跌、滚、翻技巧的运用，充分表现出娄阿鼠这个既狡猾又猥琐凶狠的盗贼形象。

为了练好这一连串技巧功夫，我专门住进了金华艺校，一个多月的时间里天天练功，连春节都没回过家。当时大家看到我练得如此投入刻苦都惊呆了！"这个王正洪大概是有毛病的吧！功夫这么好了还在不厌其烦地一遍遍练啊！"这个节目虽然只有12分钟，可这些技巧表演必须一气呵成，不练就连贯不起来，可说是"戏小功大"。真是梅花香自苦寒来，节目参赛后，我获得了最佳表演奖，从750个参赛人员中评出12个最佳表演奖，我是其中一个。昆剧团的老师专家们给了我很高的评价："好！很有特色！"

采访者：您在舞台上演了很多人物，也演了很多戏，比如说《春梅》中的阿富、《独立大队》中的大队长、《十五贯》里的娄阿鼠等，在这些角色当中，您对哪一个是最满意的？

王正洪：怎么说呢？从我自身体会来讲，对任何一个角色的塑造都倾注心血的。唱、念、做、打、翻，都要经过一番研究思考，对人物的内在感受以及外部动作设计都要彻头彻尾地了然于胸，把自己完全融进角色的内心世界，成为"他就是我，我就是他"的表现个体，

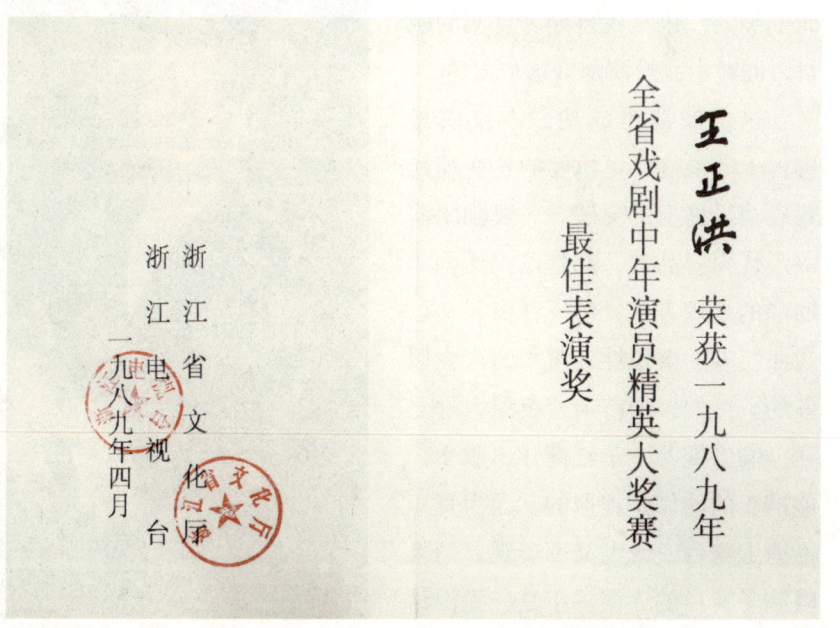

1989年王正洪获全省戏剧中年演员精英大奖赛最佳表演奖

这些过程一个个都有着创作的喜悦和艰辛，可说是演一个爱一个。

但是，人的认知意识是不断提升的，对角色的理解与把握也会随着演出实践而不断加深领悟，不断完善和丰满人物的塑造，也许这就是"艺海无涯"吧。

采访者：当年您演《春梅》这个戏，曾轰动省内文艺界，还准备拍成电影，能不能讲讲当时的情况？

王正洪：是有这回事。当年我演剧中的"阿富"这个角色，时任浙江省文化厅厅长的史行说："王正洪演戏演到骨头缝里去了！"那是20世纪70年代中期，大概是1975年吧，金华地区（那时还没有和衢州分开）非常重视文艺工作。为了执行党的文艺"双百"方针，繁荣文艺创作，每年都要举行现代戏汇演，《春梅》也就是在那时参加汇演的。

这个戏主要歌颂知识青年春梅响应党的号召到农村插队落户时的优秀表现。农民阿富偷盗队里两袋红糖，用独轮车运载到外地贩卖，途遇春梅拦截，产生矛盾冲突，最终阿富偷运失败，春梅成功保护了集体财产。

这个戏是我们东阳就地取材而创编的，也是我自导、自演的剧目，同时由我扮演阿富这个角色。

这个戏演出成功，不仅仅是选材上的准确，更重要的是在现代戏表演风格上的突破。一般剧团演绎现代内容的戏，都是以"话剧"加唱的处理方式，但《春梅》是以戏曲特有的虚拟性表演来为人物服务的。例如，阿富乘着夜深人静之际，偷偷推着一车红糖外出贩卖，他推车的动作是虚拟的，因为真车不能上舞台，既大又不美观，而且限制了演员的表演。于是，我设计出用一条宽带子挂在演员的脖子

1975年王正洪在《春梅》中扮演阿富

上，两手紧抓带子两头，"以带代车"。过去传统戏中有"以鞭代马""以桨代船"，我们"以带代车"作推车状，这要求演员有真实的生活体验。我是有过实践的，当年东阳建造横锦水库时，剧团人员全部参加劳动3个多月，我就是推着独轮车运送泥沙的，所以在舞台上推起虚拟的独轮车也就像模像样，表演起来得心应手、挥洒自如。

正当阿富得意地推着独轮车做着发财美梦时，跟踪前来的春梅上前规劝阿富。阿富非但不听，反而推车走人。一个是要逃，一个是要追，由此产生了"推车""追车""拦车""抢车"等一系列表演动作。这组动作设计都是以生活为依据，经过艺术加工提炼来用于塑造人物，突出了视觉效果上的审美要求，观众爱看啊！紧接着两人抢车至大树旁，翻车了！这时有一个非常巧妙的设计：聪明的春梅卸下了车轮子的一系列动作，这里用的是真实的轮子，虚拟的车子。虚实结合的道具运用，大大拓宽和丰富了表演空间。紧接着轮子不断在两人抢夺间滚动，对它的调度大量运用了"大跳""劈叉""腰子翻身""抢背""矮子步""探海"等戏曲表演功夫技巧，淋漓尽致地体现出争夺车轮的激烈场面，在造型上甚至用了芭蕾动作。最后春梅一怒之下把车轮子扔下了山谷深渊，终止了这场抢夺战。

整个演出始终贯穿着浓厚的戏曲表演风格，演出后好评不断。那时每年汇演都不评奖的，好的节目留下来对外公演。在我们展演期间，将近20个剧团前来学习，有个别演员在我这里学了半个月还是学不会，回去后只好以真车上台表演，实际演出效果就大打折扣了！可见，在塑造人物上，演员生活的实践与体验是多么的重要啊！这个剧目是准备拍电影的，后来出于多种原因被耽搁了。

九、担任导演，救活一个剧目

采访者：1961年您第一次执导大型古装剧《铁岭关》，这个情况请讲一下。

王正洪：当时这个戏是分两个剧组排的，我们的潘池海老师，他有意识地培养我。他把所有演员掰成两个组，一组由他排，一组由我排。过去我曾经排过几个小戏，他觉得我是块做导演的材料，很有创意，所以他掰成了两个组。后来汇报演出的时候，我这个组上演了，潘池海老师反而很高兴。

其实排这个戏不是我的本意，我也没有要求让我来排，反正他叫我排我就排。这个戏是武生戏，我自导自演扮演了"王庆"这一角色，潘池海老师很欣赏，他就说，王正洪排的这组取胜，以后就叫我当导演了。

采访者：在导演进修班学习了一年，这段经历您也讲讲。

王正洪： 进导演进修班是受时任金华地区文化局局长葛凤兰的推荐。他发现我爱学习，肯吃苦，有着强烈事业心，是个人才，于是亲自介绍我去省艺校导演班进修，时间一年。

据校长说，省艺校成立以来数我们这届导演班进修时间最长，以前有过三个月的、半年的，唯有这届整整学了一年（两个学期加上去上海观摩学习一段时间）。我们这届同学回团后都创作编排出不少的优秀剧目，是个出成果的导演班。

王正洪在《铁岭关》中饰演武生

平时，我有个嗜好，爱买书。每到一处先到新华书店买书，特别爱看有关戏剧理论的书籍，我有两大书橱的书，基本是有关表演、导演方面和出版的名作，我没有进过学堂，要学好导演必须笨鸟先飞，加倍努力。

通过学习，我更加懂得什么叫"导演"和"导演构思"，这个很重要。导演拿到剧本后不是轻率地决定一个方案，而是要多层面地分析剧本，找准主题，挖掘主题思想，明确此剧宣传什么、弘扬什么、鞭挞什么，要处理好每场的人物关系、事件、矛盾，直至把剧情推向高潮。导演的作用就是把握住"强化"与"削弱"两种功能，合理应用，充分发挥戏曲特有的表演程式与技巧，为更好地塑造人物服务。

采访者：您导演的《三打王英》参加"纪念徽班晋京200周年"进京献演，请您讲一下这个过程。

1981年王正洪获得浙江艺术学校导演专业结业证书

王正洪：好的。《三打王英》这个剧目，开始是编剧谭德慧老师叫一个姓吴的老师为浦江婺剧团排的，结果到彩排时这戏就给枪毙掉了。《三打王英》是京剧的戏，也是京剧的开锣戏。何谓开锣戏？就是演出质量比较好、每到一地都要放在第一场演出的"打炮戏"。

剧中人物是由老生、花脸为主要角色，京剧演出处理是以对唱为主，吴老师排练之所以失败也就是他按京剧老路子走了，照本宣科，对唱为主，京剧的唱腔本来很讲究，有优势，北方人叫看戏为听戏的，但这样的表演形式用于婺剧行得通吗？你唱得过京剧吗？失败是难免的了。

后来谭老师找到了我，要我重排《三打王英》，我说你们不是在浦江排了吗？谭老师在电话里说："没排好，毙了，接下来由你来排！"他不由分说的强硬态度，让我不得不接下这项任务。当时我就想到了一句话："失败乃成功之母。"我必须要在前任导演的失败中找出原因，转败为胜。

我仔细地分析了剧本，《三打王英》原来是婺剧徽戏传统剧目《探五阳》中的一折，讲述的是后汉功臣姚期之子姚刚，因父惨遭汉光武帝杀害而兴兵反汉，占太行山为王的故事。刘秀死后，奸臣刘唐勾结外寇篡夺汉室。功臣王霸之子王英为复兴汉室，奔太行山劝姚刚出兵，但姚刚因父蒙冤，怨气未消，不但拒绝发兵，而且三次驱逐甚至责打王英。王英忍辱负重，晓以大义，动以真情，遂使姚刚终以国家为重，领兵下乡。

我认真看了谭德慧改编的剧本，经过对剧本的剖析，马上发现了问题的症结：吴老师排的以对唱为主，你唱一段我唱一段，你唱完我唱，我唱完你唱，剧中总共六个人，两个主要人物加四个兵，冷冷清清，层次不明，缺乏艺术感染力。而这戏的一个明显特点，是武打与情感的有机融合。婺剧是一种充满阳刚之气的剧种，风格粗犷，而《三打王英》又是一折重"做功"的小戏，弄不好就会过火。

症结找到后，我决定采用戏剧的"夸饰""逆境表现法"进行总体构思，并大刀阔斧地进行改编、创新，发挥自己擅长武戏的特长，打破传统"文戏文唱"的模式，将唱、做、念、打、舞、翻有机结合起来，定下了这个戏的格调为"文戏武做"。把剧中因尖锐的矛盾冲突而引发的"三逐""三打"作为贯穿全剧的主要行动线，并运用各种艺术手段来塑造这两位同样有着爱国主义精神的英雄形象。于是严格要求演员必须充分把握好人物性格，使人物的内在情感达到饱和状态，从而产生强烈的感染力，激起观众的共鸣。经过精心创作排练，达到理想效果：戏中荡气回肠的唱腔、激昂慷慨的念白，无不使人感受到一种火爆壮烈、粗犷豪放的气息。特别是我的两个徒弟——扮演王英的王文俊和扮演姚刚的王文龙兄弟，充分发挥了武功扎实的优势，扫堂、旋子、走捧子、高台飞跪等夸张性动作，精彩纷呈，令人拍案叫绝。而这一切又和人物情感的发展高度结合在一起，从而将人物感情的发展推向高潮。

王正洪（二排左二）导演的《探五阳·三打王英》上京汇报演出

仅仅15分钟的小戏，通过导演有机的舞台调度衔接、转换，成功把剧情推向高潮，最后完美地塑造了具有强烈的爱国主义精神的英雄形象。

采访者：在北京演出的时候，剧作家协会副主席郭汉成同志是怎么评价这个戏的？

王正洪：专家们观看《三打王英》后，由文化部和中国戏剧家协会召集了十几位国家级的戏剧评论家，有郭汉成、刘厚生、马科、刘乃崇、李学贵等专家，专家们对导演构思、舞台调度、技巧运用以及演员的表演水平给予了高度评价。

郭汉成觉得这个戏非常有特点，认为这个戏的演出已经达到一种生活哲理的高度，角色符合我们这个时代的英雄形象，很有生活依据。他还问："这个戏搞得这么好，谁排的？是不是上海京剧院沈斌老师排的？"我们团里回答说不是，是我们自己团里土生土长的导演排的。他说："不错啊，这个人了不起！希望京剧团好好地学习一下，借鉴借鉴。"

采访者：您觉得舞台表演跟导演，这两件事情有什么关联？有什么区别？

1997年王正洪获浙江省第七届戏剧节导演奖

王正洪：导演是传授观念，演员是个人观念。两者既关联，又有各自的独立性。演员的职责，只要演好角色就算完成任务。导演必须统筹兼顾剧本到作曲、演员、舞美、灯光、音响、服装、道具等，把各部门人员组织融合到一起进行艺术创作，是总揽全局的指挥者。导演还要有缜密的构思和创作要求，通过导演对剧本的阐述，调动各部门围绕导演设定的剧目中心思想，进行各自的艺术创作。所以，导演又是综合艺术创作的领导者。

演员是剧目内容重要的体现者，他必须具备唱、念、做、打的基本功，能为塑造人物角色服务。但不能离题乱发挥，必须统一在导演的构思下创作，这就是演员与导演的从属关系。

一个作品的成功，不仅要有各部门的

《摆路头》的白无常

王正洪指导《黄金印》

创作，更需要演员与导演的密切配合才能完成。好的导演构思要有好的演员来体现，一个好的演员只有在好的导演构思中才能发挥出他的表演技能。两者相得益彰更能完成一台精彩演出。

十、谈起高腔，深谙内中情形

采访者： 王老师，请您讲一讲侯阳高腔的起源。

王正洪： 明末清初四大声腔——弋阳腔、余姚腔、海盐腔、昆山腔产生，其中弋阳腔曾流行全国 13 个省份，传播面广，影响力大。在高腔鼎盛时期，浙中一带如雨后春笋般有了众多高腔班子，其中义乌腔、东阳腔（不排除弋阳腔的影响）相结合后，形成了独特的声腔——侯阳高腔。

侯阳高腔应该是从明代四大声腔中衍生发展过来的。历史上东阳人的戏班子很兴盛，老一辈艺人讲，东阳在清朝时有 60 面锣出门在外演出，60 面锣就是 60 个戏班，这是侯阳高腔的黄金时代。民国时期都还有十几个戏班。

采访者： 王老师，请您讲一讲侯阳高腔有哪些特点。

王正洪： 侯阳高腔有两大特点。一是音域自由、奔放，旋律昂扬、跌宕起伏，抒情起唱，后扬助腔，所谓"一人启口，众人（司鼓）帮腔"。二是声腔运用灵活、多变。其他高腔一般用的是五字句、七字句，侯阳高腔根据需要可以用上八字句、九字句，甚至可以用十二字句；也可以唱一句，念一句；也可以念半句，唱半句；有时还可以唱半句突然停住加进道白；比较自由，因此也没有音乐过门。

采访者： 那请您谈谈侯阳高腔的艺术价值。

王正洪： 侯阳高腔有着独特的音乐个性：抒情、高亢、激昂。明末清初以来，一直是深受人们欢迎的一种艺术形式。它有过鼎盛的流传时期，许多剧目一直流传至今，我们东阳婺剧团现在还有剧目在演出，也足见其艺术生命之顽强。

但面临观众老化、市场萎缩的现状，要想挽救古老声腔，就需要坚持百花齐放，做好传承、改革工作，使其焕发青春，为人民大众服务。

采访者： 侯阳高腔在哪些地方比较流行？

王正洪： 在浙中，包括台州、温州、处州、宁波、金华、衢州，都是我们经常演出的地方。侯阳高腔在这些地域很受欢迎，观众喜闻乐见，因为他们看得懂，更听得懂。

我们每到一地，第一天一定要演的是昆腔戏，第二天演侯阳高腔，第三天演乱弹戏。我们是"高、昆、乱"三个声腔都演的"三合班"。

采访者： 侯阳高腔有哪些经典剧目，后来您又创作了哪些？

王正洪： 经常上演的有《合珠记》《黄金印》《双赠剑》《红梅记》《前鹿台》《后鹿台》等戏。这些戏都是侯阳高腔比较经典的剧目。《合珠记》，参加省、地方调演时都获奖的。

非物质文化遗产保护工作开展后，特别是"侯阳高腔"被列入省级名录、开展传承工作以来，我为自己制定一年出一个戏的任务，简称"一年一戏"。然后便马不停蹄地先改编、创作出了《乌盆记》《摆路头》等戏，还创作改编了《海龟供茶》《五福八仙颂吉祥》《三打白骨精》《古韵花头台》等剧目，以及以大场面处理的《魁星下界》《十八羊角逛新城》（获奖）节目。

为普及宣传侯阳高腔，我选择古为今用，创作了《歌颂非遗法颁布》《红曲酒香迎宾客》《老骥伏枥创新奇》等歌舞节目。

你如果现在去剧团

王正洪指导《黄金印》

采访的话，现场就可以观赏到我们创编的《摆路头》特色戏。很希望你们去听听侯阳高腔的独特唱腔、看看侯阳高腔的表演特色。侯阳高腔一般以演文戏为主，尤其爱情戏较多，武戏比较少。

采访者：侯阳高腔的音乐和乐队有什么特色？

王正洪： 乐队的演奏都没有曲谱，靠的是口传心记。演出时有一定的排列方式。

从历史上的南戏，到明初四大声腔（弋阳、海盐、余姚、昆山），均无管弦伴奏。后来，婺剧高腔受三合班的影响，加上了管弦。西安高腔乐器以昆笛、板胡为主，侯阳高腔却以笛子、板胡为主。西吴、西安等高腔发展了小过门，可侯阳高腔无小过门。听起来侯阳高腔较古朴，西吴高腔、西安高腔较花哨。

每一个学员进戏班来，首先是让他学会敲大锣，相继是敲小锣、敲三响。等到"三敲"都学会了，人称"三敲"出身了。不用说锣鼓点子，连台上所表演的剧情、行当角色、唱腔道白，以至大小道具都非常熟悉了。接着看学员的具体条件及兴趣爱好予以量才录用。当演员的就让他做"新包头"，坐后场的就让他操乐器。侯阳班的声望之所以特别高，就在于他们（不论前场、后场）经过"三敲"的严格训练，具有扎实的基本功。

侯阳高腔的伴奏乐器，其主奏乐器是笛子和小科胡，不是现在的笛子和板胡，殊不知这小科胡何时加入。还有一把较突出的乐器是茄胡（也叫钿胡），用葫芦壳做成，琴音的窗口是铜钿形的，很可能就是老艺人传称的"提琴"。茄胡的定弦与众不同，是四度定弦。它强调内外空弦的作用。因此在伴奏中带有自然和声的因素，一定程度上打破了满腔满跟、大齐奏单调乏味的音响效果。

侯阳高腔的锣鼓，主要分板锣、过门锣、句节锣、靠腔锣四种。大多数锣鼓属于小敲，特别是小锣，有时具有"投石打破水底天"的艺术意境。

侯阳戏的乐队伴奏，并非千篇一律。像《鹦鹉记》里的"绞场祭奠"一场，传统规定只用人声帮腔，不用锣鼓，甚至不托管弦，以制造一种深沉、悲痛的舞台气氛。

采访者：王老师，侯阳高腔有没有行规行话？

王正洪： 侯阳高腔的戏班一般由固定的人数组成，也有相对明

王正洪指导的侯阳高腔道具宝剑

确的分工。戏班编制一般为30人左右，除了旦堂7人，花脸堂3至4人，白面堂3至4人外，还有箱房3人，后场6人，伙房3人，烧茶1人，定头1人，行头主1人，班主1人。

箱房，也称"第二后台"，专管戏服衣帽，如蟒袍、靠、官衣、褶子、裙和各类帔衣，各色龙套等服饰。

"三箱"，置放袍衣、箭衣、夸衣、水衣、胖袄、护领、彩裤及马鞭、彩靴、各种旌旗。管理者还兼职半个角色，称为"杂"。

后场，就是乐队，分文、武堂。文堂有正吹、副吹，武堂有鼓板、三响、小锣。还有大锣，一般由学徒负责。

定头，就是专门负责写戏的人。

行头主，负责置办服装的人，对服装拥有所有权。

班主，也叫领袖，班社总管，一般都是德高望重之人担任，负责处理班社日常事务。

戏班是走南闯北到处跑的团体。在与外界接触中，若言语不慎得罪了当地人，势必引起矛盾，招来麻烦，甚至还要挨打，人说强龙斗不过地头蛇呀！为避免产生矛盾，戏班逐渐有了一些外界人听不懂，只有我们自己能意会的语言（代用词）。又因各地语音不同，所以各戏班的行话也有所不同。

行规是戏班子内定的行业规矩，是祖宗传下来的职业管理条律，也是用来惩罚那些不受管束犯错的人的条律。各戏班的惩罚方式，也各有不同。东阳演侯阳高腔的戏班传统上叫"三合班"，也有自己的行规行话。主要是：

戏班常规：东阳三合班艺人尊奉唐明皇为"戏祖"。这尊戏祖用木头雕成，头戴皇冠，身穿黄袍，坐在龙椅上，小巧精致。平时由小花脸（相传唐明皇是演小丑的）保管和背着过场，每到一地都须安放在头箱箱盖上，用香供奉，保佑戏班消灾灭祸，生意兴隆。一旦戏班内部发生争执时，班主就拿它来"调解"。如若班主发现演职员打架、偷窃、嫖、赌，有两人以上证明者，就要罚肉、罚戏或罚火炮。情节轻者，双方各罚肉10斤，重者罚15至20斤。罚戏就是要罚一票戏（三天三夜的戏），相当于30块白洋。罚火炮就是逢年过节时所放的火炮都要由犯禁者出资。倘若两人串通起来进行诬陷，发现后，不仅要当众认错，赔礼道歉，还要罚肉20斤。因此，戏班里的人不敢轻易违反规章。要求人人会唱"堂众曲"（规律性曲牌），能唱"路头戏"。要求不管严寒酷暑，演戏该赤脚就赤脚，该赤膊就赤膊，不准偷懒。除婚丧类的家事外，其余时间一律不准撤离班社。吃饭先由小花脸开饭。戏班开锣这天，如有人迟到，他必须脱下草鞋扔上戏台，表示向观众道歉等。

王正洪指导的侯阳高腔道具须

清末民国初的时候，第一夜演出剧目必须是昆腔，认为昆腔是正宗，为地方的文人雅士所推崇。

凡是好几个戏班一起斗台时，他们按资论辈，必须由有侯阳高腔的三合班先鸣号开锣，其他"二合半"等不得抢先演出。要是谁越雷池一步，谁就是触犯戏规。东阳三合班一般一年演出七个月。从正月开锣到三月；农历四、五、六月是种田割稻农忙季节，一般不演出；到农历七、八、九月又继续演出；十一月，又是农忙停演；到十二月继续演出，和第二年正月相衔接。

东阳戏班常年活动在金、衢、严、台、温、处等上六府。也曾远走江西玉山、上饶、婺源、弋阳等地演出。

戏班演出，在过场路上，带头走的是小花脸，他身背唐明皇雕像（长一尺、宽八寸），大花脸则肩背大刀走在最后。一到新演出地，须先由小花脸开脸化装，若是当晚小花脸没戏，那就由大花脸或二花脸先化装。

三十六行，行行有行话。同是戏班，各班子的行话也不同。东阳三合班的行话，可以分为这样四类：

第一类是有关角色的行话：

小生——倜傥、正生——正倜、老生——须眉；

大花——宰谋、小花——丑佬、花旦——花冠；

正旦——正冠、武旦——五冠、二花——涂泥头。

第二类是关于乐队及其他人员的行话：

正吹——七孔、鼓板——钉皮、打锣——钉铜；

拉胡琴——钉碗、弹拨乐——叮咚、行头主——衣主；

头箱——杂侬、写戏——定头、泡茶——拍拍儿。

第三类是有关演出的行话：

偷戏——活点、快点——滑手儿、慢点——戛手儿；

做戏——操衣兴、没有了——抽之、好的——奥亨；

不好——讹憎、起唱——开皮、胡须——抖工；

忘台词——吃螺丝、外行——蛮佬、内行——双王、行头——披絮。

第四类是有关生活的行话：

吃——呵送、饭——荒山、菜——灵箭、说话——劈去；

地方——撬子、站着——灯插、肉——内或长毛；

酒——三点或优醇、先生——牛士、走开——白腊；

饥饿——吐短、男人——肯开、女人——肥皂；

老头——油板、老太婆——油麻、妻子——底板；

肚里货多——生意包、曲牌多——曲子包；

教戏者——总纲、面貌——头子。

十一、传承高腔，善于改革创新

采访者：王老师，您是什么时候开始学侯阳高腔的？

王正洪：我6岁进戏班，耳濡目染，熟记在心。中华人民共和国成立后进入东阳婺剧团，我演《独立大队》《六盘山》《十五贯》等剧目，唱的是侯阳高腔。20世纪70年代，我自导自演《春梅》剧目,也是"侯阳高腔"。我是在"侯阳高腔"熏陶中长大的,对"侯阳高腔"耳熟能详,没有老师专门教过我,基本以自学为主,经过长期演出,产生了深厚的感情,也积累了一定的实践经验。

采访者: 那请您谈一下侯阳高腔的现状和排戏的情况。

王正洪: 从目前情况看,侯阳高腔演出情况还算正常。排戏情况是这样的:凡是高腔都是从目连戏起家的,目连戏又是以鬼魂戏为多。原以为鬼魂戏容易吸引观众,于是,我先改编排练了《乌盆记》《摆路头》两个戏,从剧本内容改编到音乐创作、导演构思、表演形式上都进行了大幅度的改革创新,演出后也得到专家的肯定和观众的欢迎。但鬼魂戏在某些场合是有局限性的,特别是在农村,大正月头,还有一些婚嫁、做寿等喜庆场合就不喜欢点这些戏,于是有了局限性。

后来,我就继续改编,创作了几个喜庆、欢乐的。如《魁星下界》《海龟供茶》《五福八仙颂吉祥》《十八羊角逛新城》等喜剧,满足不同的需求。《魁星下界》演遍了湖溪区、横店区;《十八羊角逛新城》在纪念中国共产党成立75周年时演出过,获二等奖。包括《乌盆记》《摆路头》都获得过好评。

采访者: 2016年排了一个折子戏《摆路头》,参加了浙江好腔调表演。为什么要排这个戏,演出的情况是什么样的?

王正洪: 过去,《摆路头》又名《路祭》,是只有两个演员演的戏。很简单,通过一段祭祀活动,表现无常吃祭品的过程,既无唱也无词,仅有的自报家门也简单得只有两句话。但演出气氛很吸引人,无常出现时的恐怖,祭祀活动的神秘、诡异,都比较刺激观众的感官神经,让观众欲罢不能,过去属于几个戏班子斗台时用来拉观众的戏。

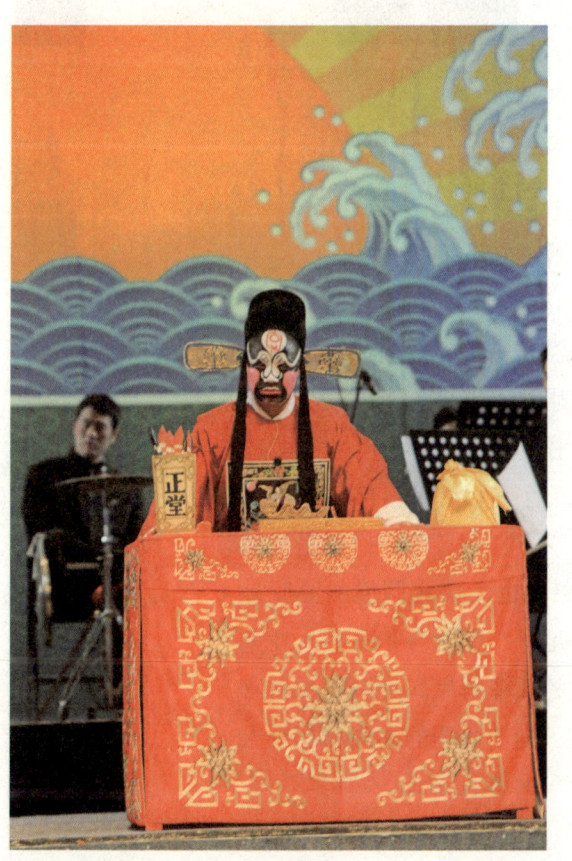

王正洪的学生表演《审乌盆》

在这个传统剧目中，我重新塑造了憨厚伯这个人物的个性。参加"好腔调"献演时，大家都反映说很好看，专家也给予充分肯定。

我认为好的腔调必须依托好的内容形式才能得到好的传承，如果没人看，再好的腔调也只能束之高阁，无人问津，也就传承不下去了。

采访者：专家是怎么评价这个剧目的？

王正洪：演出后，我去请教胡小孩（浙江省著名剧作家，历任中国戏剧家协会常务理事、创作委员会委员，中国戏曲学会理事）、顾天高（一级编剧，原浙江省文化厅艺术处处长）两名专家。胡小孩说这台戏看到最后一个剧目才看到了"非遗"的东西（我的这个《摆路头》是压轴戏），顾天高说改编得好。

王正洪指导《摆路头》

采访者：这个《摆路头》当时有没有改编过？

王正洪：改过，不是小改，而是大刀阔斧地改编。从只有两句自报家门的"路头戏"（"路头戏"就是没有剧本，由演员自由发挥的戏），改编成有唱、有念、有舞、有音乐、有事件、有人物个性的完整剧目，是编、导、演三维创作的大工程。

首先从剧本改动，强化事件主题，塑造一个正直、善良的土财主憨厚伯人物形象。对憨厚伯的人物设计为"三寸丁"，目的是显示他的矮小丑陋，既无高大威武的英俊形象，也无风流倜傥的洒脱外表，但他有着乐善好施的菩萨心肠。他备足了丰盛的祭祀食品，在鬼神节当天祭奠那些为正义专做好事而亡故的孤魂野鬼，并且怒斥贪官污吏、专做坏事的恶棍坏人。憨厚伯正直、爱憎分明的高尚品德令人感动和敬佩。

表演上，戏曲矮步贯穿于"三寸丁"的行动始终，既使演员的高技巧得到发挥运用，又体现出憨厚伯这个小人物残于外型、美于内

心的反差衬托效果。

通过导演二度创作，设置合理的舞台调度和动作设计，渲染主题思想，教人多做好事，莫做坏事，塑造人物形象。还有服装、道具等方面都进行了一系列的创新与改变。经过《摆路头》创作，一组"三屉头"的人物造型贯穿全剧。

憨厚伯属于小花脸行当，对于这个人物，我处理成"三寸丁"的造型，整个戏都以矮步形体表演为主，难度相当大。黑白无常，一个身高一米五，一个身高二米五以上。三人的高矮差距，使他们在排成前后列队时形成"三屉头"造型，然后随着唱词内容，伴着古朴的腔韵，用且行、且停、且变换的艺术表演演绎剧本内容，"三屉头"是这个戏的独创艺术。

（附上"三屉头"表演剧照以及改编后的《摆路头》剧本）

附：侯阳高腔折子戏《摆路头》（又名《路祭》，荒唐剧）

【年代】：明清时期

【时间】：七月十五"鬼神节"午夜

【地点】：云南山野十字路口，有一座雕栏玉砌的三拱"阴阳桥"

【人物】：

憨厚伯：60岁，土财主。声誉"路头哥"，绰号"三寸丁"；性格：憨厚仁慈、心直口快、滑稽幽默；服饰：戴改良员外巾，内着圆领袄子，外套短对坡。

黑无常：瞠目结舌，性情冷漠，掌管生死予夺阴阳间大权，封号"黑神"，手执阴阳扇。高帽上写着"财源滚滚"四字，身高五尺五，身着"阴阳改良官衣"，

王正洪指导《摆路头》

王正洪指导《摆路头》

脚穿阴阳朝靴，嘴能喷火。

白无常：瞠目结舌，性情喜怒无常，掌管生死予夺阴阳间大权，封号"白神"，手执阴阳扇。高帽上写着"一见生财"四字，身高丈八，身着"阴阳改良官衣"，脚穿阴阳朝靴，嘴能喷火。

【幕内人物：顺孝先、汤大才】

【前奏幕起，"西风号 呜嘟嘟……"黑白无常冲台角上，喷火，而后又进行反冲台角，又喷火，接着，两者兴奋地跳"奔腾舞"，碰面】

黑白无常：（唱）嘿！嘿！嘿！

白无常：（唱）黑无常。

黑无常：（唱）白无常。

白无常：（唱）暮色深沉赶啥场？

黑无常：（唱）你可知，今晚乃是什么节？

白无常：（唱）"鬼神节"，阴阳相会在深阗。

黑无常：（唱）咱俩今晚空闲无事忙，不妨"阴阳桥"旁任凭狂。

白无常：（白）阴阳相会，悲怆凄切的有啥看头？

黑无常：（白）咱俩不看"阴阳相会"，去赴——宴！

白无常：（白）赴宴！赴什么宴？

黑无常：（白）听！"阴阳桥"十字路口，数十年来，人间出了个多情多义的憨厚伯，俗称"路头哥"，绰号"三寸丁"，他以"扬善憎恶"胸怀，每年七月十五午夜来吊唁无故冤魂死者，他那祭品七荤八素的丰盛得很哪！

白无常：（白）嘿！如此丰盛的美餐，为什么不早告诉我哪？

黑无常：（白）嘿！现在告诉你也不迟哪！

白无常：（白）（远望）看！那山岗上行来一个头顶祭品，手提红白灯笼，口哼山歌小调，他是谁啊？

《摆路头》的黑无常

黑无常：（白）他就是有名的"三寸丁"，憨厚伯，附耳过来！

　　（与白无常耳语，示意躲避一时）【憨厚伯手提红白灯笼，头顶筛子，放满祭品，油腔滑调哼着山歌小调上】

　　憨厚伯：（唱）七月半，晶莹的月亮，照耀得天空如同万顷玻璃一般。十五的月亮，欲隐还现害羞神情高挂在树梢上。哎嗨哩咯哟！哎嗨哟【内白："憨厚伯"！你头顶祭品，手提红白灯笼，又要到"阴阳桥"边十字路口去祭祀啦？】

　　憨厚伯：（白）对！顺孝先，深更半夜地，你还不睡啊？【内白：七月十五"鬼神节"，我们也要祭祀祖宗啊！】

　　憨厚伯：（白）孝顺之举啊！哈哈哈……嘿！（圆场造型）

　　【憨厚伯边说边走，说得头头是道，黑白无常随后跟着走"八字阵"，在行走中黑白无常趁机偷吃祭品】说起咱云南"阴阳桥"哪，还流传着一个有趣的故事呢！西周时期，七月十五夜晚，姜太公就是《封神榜》中姜子牙，他闲若无事散步在"灵台桥"十字路口，（圆场造型）视见一女立于桥中，好像他妻崔氏一样。他就冒叫一声："立在'灵台桥'上一女，可是我妻崔氏？"那女回答（学女腔）："正是。"姜太公又问："你因何立于'灵台桥'中？"崔氏说（学女腔）："'灵台桥'乃是阴阳相会所在，为妻知你今晚要散步路过此地，所以为妻在此等候，与夫君相会。"从此"灵台桥"就改名为"阴阳桥"，定七月十五为"鬼神节"，流传至今啊！（圆场造型）呦！到啦！（放下祭品）去年祭拜朝东南，今年祭拜朝西北。

王正洪指导的侯阳高腔《摆路头》道具

【憨厚伯放下米筛，放置在台中，红白灯笼放置在筛子左右，六只酒杯放置在筛子左右，酒壶放在筛子中间，把香、纸锭钱置放左、中、右，拿起一束清香点燃，黑白无常也学着，抽香祭拜。（此时形成"三屈头"造型）】

憨厚伯：（白）呜呼哀哉呀！去世的老哥、老嫂、孤儿寡母、仗义英灵，乐善好施、舍身救命和天灾人祸枉死者，大家在居安思危岁月中都含着生死阴阳的命运，命运乃天注定的，身不由己啊！有道是："阎王叫你三更死，谁敢留你到五更啊！"（哭泣地）我们四杰村出了一位大人物，在京都当大臣，取名叫"汤大才"，他有权有势的安稳日子不好好过，满脑子装了个"贪"字，他是吃了猪肝想猪心，拿了白银想黄金，贪心不足必遭其祸啊！如今啊新皇登堂入室，施政仿效当年包龙图，执法严峻，不畏权贵，掌举虎头铡，决心铲除内阁后患。

如今汤大才负罪自杀，我看他是"馋鬼抢生肉——贪多嚼不烂"。哎！呜呼哀哉也！

（唱）为人不可太贪婪，贪得无厌把命丧。慎独持重守本分，才具显达家业旺。你负罪非命同情有憎恨，劝世家，不义之财莫贪婪。

【"憨"提壶敬酒，从左（三杯）泻到右边（三杯），左边的（三杯）酒早就被黑无常偷吃光了。待"憨"泻完右边（三杯）酒后，发现左边三只酒杯全倒放着，趁此机会，黑白无常又偷吃右边（三杯）酒，待"憨"泻完左边酒后又发现右边的三只酒杯又倒放着，"憨"惊奇地摸索。】

憨厚伯：（唱）稀奇稀奇真稀奇，今晚祭祀出游戏。

斟满的酒会不翼而飞，难道阴魂也会品酒味？

【思量，心机地。】

（唱）既然阴阳共心扉，（白）

《摆路头》中的憨厚伯

想摆弄着玩？好！

（唱）理应趋附同笑啼。【憨厚伯领悟阴鬼死者心境，顺势游戏一番，每做一件事都把花样名堂喊声一次。】

憨厚伯：（白）"燃烧纸钱"咯！

【"憨"取纸钱燃烧，黑白无常急而模仿（黑白无常燃烧纸钱可采用遥控燃烧）。"憨"发现多处纸钱燃烧，连蹦带跳地去灭火，黑白无常也学样急成一团。】

憨厚伯：（白）"鸣炮祭祀"喽！

【"憨"放鞭炮，黑白无常也放鞭炮，三方造成失魂落魄的景况。】

憨厚伯：（白）"斟酌祭酒"喽！

【"憨"提壶敬酒，黑白无常接酒自饮，"憨"发现杯中无酒，寻觅缘由，"憨"干脆提壶自饮，让黑白无常哭笑不得。】

憨厚伯：（白）"辞别食肠"喽！

【三者扯食猪肠，造成滑稽性惊怕场面，最后跳"拉肠舞"。】

【扯断猪肠后，"憨"急中生智故意学"鸡啼"，黑白无常急忙隐身而下，结束。】

剧终

（王正洪整理于2014年2月28日）

王正洪手稿

采访者：王老师，您对侯阳高腔曲调上有没有做过改编？

王正洪：有改编的。过去侯阳高腔演出是没有曲谱的，靠的是口传心记。后来，虽然有人记了下来，但那记谱方式非常随意、松散，既没有小节线，更无音标提示。在收集整理中，我把它分别谱写成四分之一、四分之

王正洪指导《审乌盆》

二、四分之四的有板有眼的曲谱格式。唱腔过程留出空隙，加进过门，使人物心境、情绪变化有了过渡的空间，也便于演员唱腔技巧的发挥。表演动作中运用音乐伴奏，既强化了故事情节，又渲染烘托出人物行动。音乐设计也要紧紧把握剧情节奏和人物个性的塑造。

《乌盆记》中张别古的角色是个小花脸行当，贫穷困苦，孤苦伶仃，同时又是个善良的人。他想起赵大还欠他两双草鞋钱，于是上门讨债，恰遇赵大谋财害死了刘世昌，并把刘世昌的尸首放在窑里烧成乌盆，抵债给了张别古。乌盆突然开口说话，道出被害经过，张别古义愤填膺地带上乌盆到包大人的公堂，为刘世昌洗雪冤情，最后凶手得到惩罚。

对张别古的音乐设计既要揭示他正直善良、乐于助人的性格，又要表达灵活、风趣的小花脸个性。我不满足原有 4 句平淡无奇的唱腔，修改成有唱、有念、有说、有白，唱念结合的形式，有强有弱、有紧有慢的灵活风趣的 22 句唱词，看似延长了唱腔，实质是一气呵成，有着淋漓流畅之感。对《乌盆记》中的刘世昌主要唱段也进行了改编。

采访者：这样的改编对侯阳高腔有什么样的意义？

王正洪：任何事物都不可能一成不变，古老的腔调更是如此。随着时代变迁，观众审美水平提高，必须与时俱进，发展和完善侯阳高腔的表演创作，它才有生命力。

侯阳高腔从几百年前延续到现在，靠的就是一代代演艺人的传承、创新和提高。我之所以要传承、改编侯阳高腔，就是为了这古老声腔别在我们下一代中销声匿迹，要让侯阳高腔适应时代，服务于这个时代，娱乐观众，满足观众的审美需求。

采访者：王老师，原来为什么是男的演花旦呢？

王正洪：侯阳高腔产生于明末清初，当时重男轻女的思想极为严重，是不允许女人登台演戏的。我们东阳班没有女演员，女性角色均由男人扮演。从观赏角度，男扮女装的反串艺术更能吸引观众，更有艺术价值。

王正洪指导《张别古讨债》

王正洪指导《张别古讨债》

审乌盆

1=C 尺字调（小青、板胡、笛子主奏）前奏曲

（曲一）

审乌盆（曲谱29-1）

审乌盆（曲谱29-2）

(曲四) [桂枝香]

晚我｜突然｜想起｜一笔｜小小｜债务｜就是｜那格｜ i 2 3 ｜ i 6 ｜ i 2 3 ｜ i ｜

帮腔　东山　坞里　赵大

帮腔
5 6 i 才｜XX｜XX｜3 5｜3 5｜6 i｜6 5　3 6｜5 5　0 6｜5｜
赵厉虎　两年　前那　他还　欠我　两双　草鞋　钱哪　啊

帮腔
3 2 1 才｜XX｜X｜XX｜XX｜XX｜XX｜XX｜X｜XX｜X｜
还未付　虽说是　两双　草鞋　钱啊　难救　张别　古却　也能

帮腔
6 i｜6 i｜6 i｜6 i 7｜6 3｜5 7｜6.｜5 i｜5｜6 ‖
荒度　一时　三刻　充饥　饿　啊呀　充　饥　饿
　　　　　　　　　　　　　　　才　大　才

(曲五)

赵大
2/4 吉大 吉 ｜ 2 0　2 0 ｜ 2. 　3 ‖: 2 5　4 5 :‖ 2 6 ｜ 5 ｜ 4 6　5 5 ｜

帮腔
5 阵｜2.3　5 2｜2 2　3｜5 5 2｜3. 2 ‖: 3 4　3 2 :‖ 才　才｜
　　人不　谋财　家不　富啊

帮腔　　　　　　　　　　　特慢
3 5　3 2｜i 5 3　2 2｜2 3｜2 3 2 7 ‖: 6 7 2 7　6 5 3 5 :‖ 6　5｜6　才‖
火不　烧地　不　肥呀　地不　肥

(曲六)

[引路曲] 1=D 二胡主奏
"随我来"｜3 5｜3 3 2｜1 2 3 2｜1｜7 2　7 6｜5 6 4 3｜5｜才 ‖: 2 5｜
　　　　　　　　　　　　　　　　　　吉冬冬冬　匡　　　　　　（白）

4 5 :‖ 4 6｜5 5　5 6｜5｜i｜才 ‖: 咚隆咚｜才才 :‖ 咚才｜咚才｜

审乌盆（曲谱29-3）

审乌盆（曲谱29-4）

（曲十）

（笛子、弹拨主奏）钟馗神音［节节高］

$\overset{\frown}{1}$ - - - $\overset{\frown}{2}$ - - - $\frac{4}{4}$ | 3　5　35　32 |

1 - 23 21 | 65 i65　53 | 235 -　32 |

‖: 5　6̣1 2.　3 | 532 -　32 | 1　7̣6̣ 1.　2 |

6̣1 5 -　35 | 32 1 32　23 | 5　35 67 65 |

32 12 3.　2 | 543 -　5 | 32 35 6.　i |

6̇ i 65 3 -　| 56 53 235 | 25 32 1.　6̣ |

5　61 -　:‖

（曲十一）

"奇怪奇怪真奇怪！" 嘿嘿！

$\frac{2}{4}$ 吉打　吉打打 | 才才　才0 | 2̇. 3̇ 55 | 2̇3̇ 55 | 5̇2̇ 3̇ ‖:(3̇ 4̇ 3̇ 2̇:‖
　　　　　　　　　　　　　奇怪奇怪　真奇　怪啊　　　　才

3̇4̇3̇2̇ 3̇ 2̇ | 1̇6̇1̇2̇ 3̇6 | 3̇ 0　才) | 3̇. 5̇ 3̇2̇ | 1̇6̇5̇3̇ 2̇ 2̇ | 2̇3̇ 2̇3̇2̇7 |
　　　　　　　　　　　　　　　　　青天白日　见鬼来呀　呀见鬼

6̣(7̣ 2̣ 5̣ | 5̣3̣ 67̣5̣3̣ | 6̣ 5̣ 6̣) | 3̇5̇ 3̇3̇2̇ | 1̇ 5̇3̇ 2̇ | (5̇3̇2̇ 5̇3̇2̇ |
来　　　　　　　　　　　　　才　　钟馗神命　告诫我

审乌盆（曲谱29-5）

引鬼诉冤莫慢怠　（思索地白）：引鬼诉冤莫慢怠……

（明白地）：唉！　钟馗神命还说道　齐才　齐才　齐令　才

事成之后有我好　处　（略思地）

（曲十二）

[三枪]（大唢呐）

（张别古击鼓）

（曲十三）

[升堂引子]（大唢呐主奏）

包拯内喊："升堂！"　　　　　　　　　　　　　　（衙役引年轻包拯上场）
大　　　　　　　　　　　　　　　　　　　　　　急击风锣

（曲十四）

（刘白）包大人，我刘世昌死得好惨啊！（痛哭地）
[四朝元]（笛子、板胡、吉子主奏）

审乌盆（曲谱29-6）

包拯安慰地：休得悲哀，自古道：祸福难料，你被人所害，从头诉来，俺包拯定为你申冤！

$\overset{32}{3.}$ 7 7 6 — （刘又哭泣）衙役们同情地说：乌盆你别哭泣了，光哭不诉，叫父母官
我　家　住　　　　　　　　　　　　　　如何为你申冤哪？刘白：乌盆明白了。

吉扎 扎扎 | 3 5 3 5 7 6 53 | 2 3 5 4 3 (7 6 5 3 2 1 2 | 3. 3 | 3 3 | 3 3) |
　　　　　　家 住 南 阳　　城 门 外　　　　　（插白：离城十里太平街）

2 3 1 2.7 6 2 | 7 6 5 3 6 (2 5 4 3 5 3 2 | 1 3 2 1 5 4 3 5 6 才) | 6 6 |
刘 氏 后 裔 有 数　　代　　　　　　　　　　　　　　　　　　　商 贾

6 1 0 5 | 6 1 6 5 3 3 0 2 3 2 1 6 5 1 才 | 2. 3 2 3 | 2 3 1 2 |
为 业　　终 身 爱 啊　　　　　　　我 母 七 旬 古 来 稀

1 2 3 2 | 6 2 7 6 5 3 (6 7 5 3 6) — 才 | 6 6 3 5 3 |
七 月 初 三 寿 宴　开　　　　　　办 好 寿 料

3 5 5 3 7 (6 7 2 7 6 5 3 5 6 0) | 3. 5 3 5 6 5 6 5 |
即 刻 转 来　　　　　　　　　　　行 至 赵 大 窑 啊 门

6 1 6 5 3 3 0 2 3 2 1 6 5 1 才 | 2. 3 2 3 | 2 3 1 3 2. (5 5 4 6 |
外 哪 啊　　　　　　　倾 盆 大 雨 降 下 呀 来

5 — ‖: 2 3 4 3 | 2 1 6 1 : | 2 | 3 | 4 | 5 | 4 | 6 | 5 | 7 | 6 | 1 |
（轰鸣声、雷声）

7 | 2 | 1.1 ‖: 1 1 | 1 1 : | X X X X) 吉 | 2 7 2 3 | 2 3 1 2 |
　　　　　（闪耀电光声）　　　　　　　淋 透 衣 裳 步 难 开

6 6 6 6 2 7 6 5 3 6. (6 6) | 6 2 5 4 3 (5 3 2 1 3 2 1 7 2 1 7 6 6 5 |
借 宿 一 宵 起 祸 灾　　起 祸 哪 灾

审乌盆（曲谱29-7）

审乌盆（曲谱29-8）

（曲十六）

[八板]（弹拨）

(包拯白)薄命刘世昌，你的冤情，本官深感同情愤慨，只是镇压凶犯，务必具呈"三证"。（沉思地）

这证人何立呢？（列白）包大人，冤鬼此来，乃镇妖大元帅钟馗爷指引而来的，而且二位守门神尉迟恭、

秦叔宝也可见证。（包拯）：好！包兴！赐你"传神令"一支，速到东山头钟馗庙，请打鬼神尉迟恭、

秦叔宝召来见证。（包兴对天焚烧"传神令"）

（曲十七）

[传神曲]

（三尊内喊）：包拯！我等来也！ 一道清风（三尊上）到人间

转冒字头锣 笃笃

(包拯白)快！跪拜恭迎！（三人走下边界！）

审乌盆（曲谱29-9）

审乌盆（曲谱29-10）

审乌盆（曲谱29-11）

（曲廿三）

‖: 3̇4̇3̇2̇ 1̇6̇1̇2̇ :‖ 3̇5̇5̇2̇ 3̇6̇ | 3̇ 0 | 阵 | 1̇6̇ 1̇6̇ | 1̇6̇ 2̇3̇ | 1̇. (7̇2̇ |

（赵大唱）稀奇 稀奇 真呀 稀奇　　　　　　　帮腔

1̇1̇1̇1̇ 7.1̇ | 7̇1̇7̇2̇ 1̇ 0) | 6̇1̇ 6̇ 5. | 3̇7̇6̇3̇ 5 ‖: 5̇5̇5̇5̇ 4̇5̇ :‖ 4̇5̇6̇4̇ 5 |

（二人狂笑）（赵妻）凡人 也能 空中呀 飞　（小青吹笑）

‖: 2̇5̇ 4̇5̇ :‖ 4̇5̇6̇4̇ 5̇6̇ | 5 才 | 5̇5̇5̇ 1̇ | 1̇2̇ 1̇2̇3̇2̇ | 1̇ 才 |

（跳双人舞）　　　　　　　（赵）老婆 喂（妻）哎老公 睐（赵）哎

6̇6̇1̇ 3̇5̇ | 3̇5̇6̇3̇ 5 ‖: 5̇1̇ 5̇1̇ | 5̇3̇2̇ 1 :‖ 6̇1̇6̇ 1̇2̇1̇ |

这阵 神风 带有泥土气　（赵妻深思地）　（才） 风 转泥 飘

1̇. 1̇ 6̇7̇6̇5̇ | 5̇6̇7̇2̇ 6̇ |(5̇.2̇2̇2̇ | 7̇2̇7̇6̇ 7̇2̇7̇6̇ | 5 5̇6̇1̇ | 5 1̇) 0:‖

自然 泥土 气 味 （赵明白地）　　　　　　阵

（曲廿四）

[太子引]（弹拨）
※
‖: ²⁄₄ 0 1̇ | 6̇1̇ 2̇3̇ | 1̇ :‖ 3̇3̇ 3̇6̇ | 5 ‖: 3̇5̇ | 6̇5̇ :‖ 3̇2̇ ‖: 1̇.2̇ | 1̇6̇ :‖

（赵妻）：老相公，我心里明白了……

2̇1̇ | 6̇ ‖: 0 1̇ | 6̇1̇ | 5̇6̇ | 1̇ :‖ 3̇3̇ 3̇6̇ | 5 | 6̇5̇ 3̇2̇ | 1̇2̇ |

1̇6̇ | 2̇1̇ | 6. 6̇ | 6̇6̇ 6̇6̇ | 才 ‖
　　　　　　　※

（曲廿五）

[风入松]　"当场可试"
打 | 1̇2̇ 1̇2̇ | 6 5 | 3̇6̇ 6̇5̇ | 3̇3̇ | 5̇1̇ | 1̇2̇ | 1̇2̇ 2̇1̇ | 3̇3̇ | 2 2 ‖

（曲廿六）

赵大：嘿嘿！想不到啊！

²⁄₄ 5 2 | 2̇2̇ | 7̇2̇7̇6̇ 5̇7̇6̇3̇ | 5̇3̇6̇3̇ 5̇6̇1̇ | 5 才 | 2̇7̇ 6 | 3̇2̇3̇5̇ 6 |

赵某 我 心肠 狠
（才）　（才）

审乌盆（曲谱29-12）

审乌盆（曲谱29-13）

$5\dot{1}\,6\dot{1}\,|\,5\quad35\,|\,651\,2\,|\,3\quad-\,|\,3653\,|\,2.\quad3\,|$

$1656\,|\,\dot{1}.\quad 6:\|\,3623\,|\,5\quad 53\,|\,\overset{rit}{2.5\,32}\,|\,1\quad -\,|$

（曲廿九）

"国泰民安享太平！"　　　　[驻云飞]　　　　　　　　　　　　　帮喊
吉洞　吉洞洞　匡才　匡0　$|\,2\dot{3}5\,\dot{1}\dot{6}\dot{1}\,|\,2\dot{3}5\dot{3}\,\dot{2}0\,|\,\dot{5}\dot{5}\dot{5}\,\dot{6}\dot{6}\dot{6}\,|\,\dot{6}\dot{5}\dot{5}\dot{3}\,\dot{2}0\,|$
　　　　　　　　　　　　　法典　圣德　齐 整 治　整 治　法规　　（匡

（清唱）　　　　　　　　　　　　　　　　　　　　　　　帮腔
$5.545\,|\,6\dot{1}65\,|\,4\quad 3\,|\,\overset{3}{2}\quad -\,|\,\dot{2}.\dot{1}\,\dot{3}\dot{3}\,|\,\overset{3}{\dot{2}}\quad -\,|$
国 泰 民安　享 太 平　洞　洞　　　　国 泰 民　安

$\dot{1}.\,\dot{3}\dot{2}\dot{2}\,|\,\dot{1}\,\overset{6}{6}\dot{5}\,-\,|\,\dot{5}0\,\|$　又接[凤冠花]谢幕
享 太　　平

传承人：第三次整理加工传承
王正洪　2015年11月3日

十二、东阳民间，看戏之俗颇盛

采访者：历史上东阳看戏的风气盛吗？什么时节要演戏、演什么，有讲究吗？

王正洪：东阳民间看戏之俗十分兴盛，基本上男女老少都爱看戏。有钱人看看戏还觉得不过瘾，还要自己组建戏班子，有句俗语说：义乌败子饲操牛，东阳败子买行头。说的就是东阳人喜欢办戏班的事。

"锣鼓一响，脚底板发痒"这句俗话就是证明东阳人爱看戏。

东阳人请戏班演戏，有以下这些情况：

平安戏。一个村子为祈求全村的平安吉利，都要在每年春节期间，举行几天演戏活动，名曰"平安戏"。其经费，一般是由各家各户集资捐赠，但也有单家独户资助的。近年来，有些"专业户""万元户"还单独出资，包场演出，让乡亲父老一饱眼福。

社戏，俗称"祠堂戏"。旧时，春社到来，宗祠内按例举行祀典活动，请戏班演三天三夜戏，以示敬祖。春社正好是春耕开始，也可谓民间迎春耕活动。因此，中华人民共和国成立后有些地方往往在戏台上张贴横额"喜迎春耕"，台柱上张贴对联"丝竹奏乐歌岁稔，花草铺香舞春耕"。到了秋社，同样要开祠演戏三天三夜。这类戏，除了奉祀敬祖外，就是为了庆丰收。

开光戏。各地有各自的庙宇，供奉土地神，俗称"本保殿"。每隔十年进行一次重修庙宇、重塑金身的"开光"活动。活动中要请戏班演戏，称为"开光戏"。

会场戏。农村集镇，每年都有几次物资交流会，也叫会场。会场中要搭台演戏，以增热闹。演戏的经费，一般由各商店、摊贩捐集。"会场戏"招引四面八方的群众，对会场贸易起着积极的作用。东阳民间的大会场较为著名的有：吴宁镇的三月廿八、黄田畈的三月三、横店镇的六月十四、南马镇的六月十五、千祥镇的六月十一、湖溪镇的六月初四、巍山镇的八月半等。

领谱戏。旧时，各大氏族要举行修谱，在谱牒竣工领发时，要请戏班演戏庆祝，这叫作"领谱戏"。

游桥戏。当某大桥竣工落成时，要举行盛大的"游桥"典礼，届时聘请戏班演戏，至少三天三夜，规模大者要演七天七夜。有的聘请两到五个戏班进行"斗台"，场面十分热闹。

封山戏。民间对封山育林历来十分重视，各地实行封山时，为了达到家喻户晓的程度，都要演"封山戏"。自演戏后，严禁人畜上山，毁坏树木柴草。"封山戏"对保护森林有积极作用。

耕牛戏。早时，牛为农家宝，农村对于耕牛的保护十分重视。为了禁止滥杀耕牛，提高农家饲养耕牛的积极性，民间往往举行专门演戏活动。这种活动盛极一时，尤其是巍山茶场的"耕牛戏"最有名气，每年演牛戏时间长达一个月。中华人民共和国成立后，这项戏曲活动逐渐绝迹。

聚赌戏。旧时，民间赌风比较盛，各地经常演戏聚赌。这种戏曲活动，往往由几位赌头出资聘请戏班演戏，一演就是十几天，甚至一个月。虽然官方也出令禁止，但仍然是有禁不止。

按常规，东阳三合班每到一地，起码要演两天三夜戏。每场戏一般是一本三折，5小时左右。最后一夜是"天亮戏"，从晚饭后开演，一直到第二天雄鸡报晓、铳声鸣响才收锣。天亮戏至少要演两个正本和三个折子戏。

从第一夜演出起，一般都按照这样的戏序进行：

第一夜先是"闹头台"，也叫"闹花台"。这是一首器乐组曲，由【华光调】【聚仙会】【驾祥云】【水仙子】等曲牌组成。全曲四段，第一段竹笛主奏，第二段小科胡主奏，第三段吉子（小唢呐）主奏，第四段梨花（大唢呐）主奏。乐曲层次分明，声势递进，优美动听。它的这个作用是吸引、等待观众，并且展示戏班的乐队阵容和

王正洪指导的侯阳高腔乐队

水平。

第二夜先演奏"锣鼓头场"（光用打击乐，不动丝管），这是东阳三合班所独有的。

第三夜是演奏"二场"，就是演奏【春到来】【水龙吟】等曲牌，曲间赠锣，文武结合。

另外，除了演奏，还有"踏八仙"。东阳三合班的"八仙"样式有五六种之多。第一夜，先踏"小八仙"，由扮演"八仙"和"王母娘娘"等演员表演。其后，再踏"天官八仙"。第二夜，踏"文武八仙"。第三夜，踏"东方朔偷桃八仙"。此外，还有"大三星八仙""小三星八仙"等。按各地的民风乡俗，因时因地因台而定。通过"踏八仙"，把戏班的演员、行头展示于众，使观众了解戏班的阵容、实力。

还有"跳魁星"。魁星一般由丑角扮演。第一夜是化装表演。左手提斗，右手执笔，走矮子步。一出场亮相就念"魁星出华堂，提笔做文章，麒麟生贵子，必中状元郎"四句头。隔日就戴魁星面壳跳。魁星分文魁、武魁。文魁点文状元，武魁点武状元。跳魁星是一种历史悠久的戏曲舞蹈。舞姿别具一格，很有神话色彩。它的目的是祝愿年轻人来日得中高魁，光宗耀祖。

除此之外，还有"跳加官"和"跳财神"。加官，就是冯道这个人。他为官 30 多年，是个位高声隆的大官，在封建社会里为人所仰慕。跳加官的意思就是祝愿当政的能"加官进爵"。跳财神由大花脸扮演，头戴金面壳，手捧大元宝，通称"金面讨利市"，祝福大家发财致富。相传他是赵公元帅。

十三、保护高腔，做了四项工作

采访者：王老师，近年来您在保护和传承侯阳高腔上做了许多工作，请您谈谈这方面情况。

王正洪：这些年，我对侯阳高腔的保护和传承主要做了四个方面的工作。

一是收集、整理传统剧目。2008 年，我被认定为"侯阳高腔"浙江省级代表性传承人后，我是满腔热情尽心竭力地到处奔走，访问前辈老人，他们可都是八九十岁高龄的人啊！我真有时不我待的紧迫之感，上门拜访了陈法森、胡苏女等老前辈，收集整理剧本资料（包

2007年王正洪在宁波姚剧团排练《三审糊涂案》

括流失找回、现存的），目前已收集大戏16本（包括上下本），小戏9个，都已收编、整理在册。

二是改编、排练演出剧目。主要有《乌盆记》《摆路头》《魁星下界》《十八羊角逛新城》等剧目。经过改编、加工、排练，已付诸市场演出。

三是"一年一戏"，创作剧目。为了完成"一年一戏"的内定目标，我日以继夜地修改剧本，谱写曲子，做导演构思，完成一切案头工作，等待付诸排练的剧目有《海龟供茶》《三打白骨精》《五福八仙颂吉祥》《古韵花头台》。

四是古为今用，传授技艺。为普及侯阳高腔，宣传古老韵腔，曾到各个传承基地进行授课、排练，并用侯阳高腔谱写了3个新内容的节目：《歌颂非遗法颁布》《老骥伏枥创新奇》《红曲酒香迎宾客》，可谓古为今用、古韵新曲的完美结合，以载歌载舞的形式展现在广大观众面前，演遍了学校广场、乡镇等地。

采访者：您曾经去江西找弋阳腔的老师，去寻找古老的剧种，请您讲讲当时的具体情况。

王正洪： 弋阳是我留恋的地方。我们曾经在弋阳演出三个月，两个戏演三个月，想不到这么受欢迎。演了以后，他们不让我们走了，说有一个戏要我们演。什么戏呢？就是那个地方曾经出过一个民族英雄李三宝，现在这个人物的坟墓还在。他们拿了一本书，叫我们演。李三宝这部戏是连台本戏，一共3本。他们要我们演一个月，把3本全部演完，我演小时候的李三宝。我们就早上开会讲故事，下午演员们各自去动脑子，自己的角色该怎么演、怎么唱。用的曲子叫作"堂中曲"，大家都会唱。我们整整演了一个月，最后取名为连台本戏《天宝图》。

连台本戏《天宝图》是以路头戏形式演出的。过去路头戏都没有剧本，仅凭先生口述故事内容，然后各自去准备演出，基本是靠临场发挥，乱得很，反正万年台高高在上离得远，没有幻灯任由演员胡编乱唱。唱腔用的"堂中曲"，没有一人不会唱，只要演员一起调，乐队立马能奏，不用排、不用练，说上便上，台上见分晓。

于是一场粗糙的、低俗的、拼凑的演出就这样出台了。难怪当时流传一句观众话——看戏是"红红绿绿、爬上爬下"，但也不乏好班子、好剧目。

在路头戏的演出过程中，演员其实已经从头至尾参与了编剧、作曲、导演、表演的职能工作，只是自己不清楚而已。

我后来能编会写，能导会演，拥有这种全能技巧，也许得益于当年路头戏的启蒙吧！

想当年在弋阳讲故事编戏做的情景，就有去旧地寻根的冲动。2013年10月，我专程去江西弋阳县走访取经，弋阳剧团办公室张主任热情地接待了我，并赠送我两件东西，一本弋阳腔发展史的书，一张弋阳腔光盘。我回来后研究了一下，发现其中有演唱《合珠记·敲窗》片段，高文举叫妻王金贞去南衙包大人那里告状。后四句唱腔是："温相做事理不端，苦苦逼我拆良缘。插翅飞出牢笼地，人逢珠合再团圆。"我听出来前两句用的是侯阳高腔的落山虎调，后两句唱的是西吴高腔。这也从一个侧面反映了弋阳腔和侯阳高腔、西吴高腔是同源同种。

江西的弋阳腔，早在明代就以强大的辐射力，扩散至全国的13个省份，雄霸中国戏曲的半壁江山。一个起源于小县的剧种有如此的穿透力，将弋阳腔的种子播撒到大江南北，这不能不说是中国戏剧史上的一个奇迹。弋阳腔也可以说是奠定了中国高腔戏曲的鼻祖地位。

侯阳高腔是婺剧声腔中较古老的品种之一，也是浙江八大高腔中有独自声韵的声腔之一，在明清时期广泛流传于金华、严州、衢州、台州、温州、处州等上六府，为群众所喜闻乐见。从我这次的实地采访中，我认为，侯阳高腔肯定与弋阳腔有着深厚的渊源关系。

采访者：王老师，请您讲讲收集古老剧本的事情。

王正洪：我们侯阳高腔现存古老的剧本有19个，有9个小戏，都是侯阳高腔的。大戏有《红梅记》《合珠记》《双合印》等，共19个。另外9个是小戏，其实根据我调查的情况看，小戏不止9个，我现在估计一下，小戏13个是有的。我已经分类弄好了，新创作的汇集成1本，昆腔的汇集成1本，高腔的、老的包括收集来的原汁原味的汇集成1本，我准备把这些汇集本送到市档案馆保存。

采访者：王老师，您这个作曲是找谁学的？

王正洪：我是导演啊！导演的话，包括剧本，包括曲调，包括灯光，包括舞美，都要懂，不符合剧情的都要改。他们改不好那我自己改，自己写，这是导演的职责与权力。到农村剧团、业余剧团去排戏的话，前奏、结尾、幕间曲、主要的人物唱段，我都要参与创作，我都要写的，他们不会的我都要提供的。如果我认为这个腔调烘托不起高潮，这个人物没有个性，我就要重新写，作曲能力就是这样子练出来的。

采访者：听说您要实现"一条龙"传承，这个事情也请您讲讲。

王正洪：2008年是我从艺65周年，也是我70岁，恰好获知我被认定为侯阳高腔省级代表性传承人的喜讯。我曾经讲过，准备实行"一条龙"传承。所谓一条龙就是编剧、作曲、导演、演员、服装、道具各部门的艺术创作，形成均由一人负责到底的模式。这样的操作无疑会给自己增加巨大的工作量，但我心甘情愿。凭着70年艺涯锤炼，铸就一身唱念做打扎实的基本功，我有信心去做、有信心去完成。

首先从剧本改编、音乐设计、导演构思、演员排练等一系列案头工作开始。我时而伏案至夜深人静，时而早起谱写曲子，一心扑在排练场，一意传承侯阳高腔。功夫不负有心人，收获总在辛勤付出后，专家们的赞扬、观众的掌声是最美的回音。

通过一年多的自学，我从 2009 年开始采取"学用"结合的方式编写了《古韵花头台》，其中运用了缓和抒情的【江头金桂】、激越高昂的【滚绣球】、波涛滚滚的【粉蝶儿】等高腔曲牌。

2010 年 5 月，我又开动脑子，创编大型舞蹈《魁星点魁》。这个舞蹈的人物有 8 名魁星、8 名考生、8 名抬大蜡烛者。其中高腔用了奔放神驰的【滚绣球】、静穆抒情的【江头金桂】、洋溢持重的【插画曲】和热烈欢快的【粉蝶儿】。这是湖溪镇文化站委托我排演的一个群众表演节目，我把侯阳高腔融入其中。这个节目多次在市内巡回演出。

2011 年 5 月，我在人民医院住院期间创作了《侯阳丰韵颂·非遗法颁布》，其中选用了奔放激扬的【滚绣球】、群情激昂的【驻云飞】高腔曲牌。

2011 年 4 月，我为虎鹿镇政府编写创作了《十八羊角喜逛缝配城》。这是个舞蹈表演唱，我通过"侯阳高腔"的【粉蝶儿】【详论曲】【滚绣球】【插画曲】和【驻云飞】曲牌唱腔，通过朗诵、科子、演唱、道白，多层次、多方位地歌颂虎鹿镇缝配城艰辛创业的精神。

2012 年 6 月，我创编了《红曲酒香迎宾客》，其中运用了【插画曲】【驻云飞】等侯阳高腔曲牌，渲染了热烈欢快的气氛和热切期望的情怀。

王正洪指导的侯阳高腔乐队

2014 年，我在剧团里整理改编传统折子戏《摆路头》。这个戏原来既无道白又无唱腔，是一折哑剧戏，表演滑稽幽默，在以前经常用于斗台。我把它改成描述善良有爱的憨厚伯在摆路头时，黑白无常与他开玩笑，分享他的祭品。三个人物分饰老丑、大花和二花的丑角，由低到高的造型与动作形成滑稽的戏谑效果，像三层抽屉，"三屉头"由此而来。这个戏运用了 10 多个曲牌，如激动流畅的【凤马儿】、前奏曲奔放热情的【驻云飞】、讽刺幽默的【看相调】、幽默喜悦的【水金子】、慈善悲愤的【插画曲】、轻快奇异的【小摆曲】、惊奇生计的【赐福乐】、滑稽狂欢的【驻云飞】、同情悲哀的【水金子】、郑重悲愤的【节节高】、轻快奇异的【小摆酒】等。

2015 年 11 月，我整理改编了《包拯首审乌盆记》，其中选用了很多侯阳高腔曲牌，如张别古上场时的 36 句唱、念、白，选用了【赐福乐】【粉蝶儿】【桂枝香】来体现张别古六亲无靠、孤苦伶仃的苦难生活现状。全剧共三场戏：赵大赵厉虎上场，配【横逆曲】和引路【欺凌曲】、驱逐【出相子】，张别古在钟馗庙里随口念工尺谱【闹花台】；钟馗话外配音【节节高】和奇怪曲【浆水令】，接着冤魂刘世昌诉冤曲【四朝元】。其中揭示赵大赵厉虎谋财害命罪行，是全剧的重点唱腔，我用了 20 句唱词，进行了"唱、念、白"三结合，包拯愤恨憎恶曲【驻马飞】，接着配音【八板曲】，三尊唱【陶金令】，接而唱【红绣鞋】，然后三尊行【作法令】，出现漫天大雾风沙，赵大夫妇在空中飞行，配令人感到惊奇而又惬意的新作【惬意曲】，他们二人在道白中运用【太子引】衬托。接着三神同唱"天地难容"【赐福乐】，最后包拯表彰张别古"本官要为你披红挂彩，游街三日，以表彰你为人正直、伸张正义、护法除恶"。接着奏【凤冠花】，唱【驻云飞】："法典圣德齐整治，国泰民安享太平。"

采访者：王老师，您什么时候开始收徒弟的？

王正洪： 我是 2014 年开始收徒弟的，非遗保护中心在婺剧团组织举行拜师仪式。一个是赵雷，一个是舒旭霞，还有一个杜丽英，一个蒋源，还有张伟，总共 2 个女的，3 个男的。

采访者：您觉得他们演哪一行比较合适？

王正洪： 他们有的可以演花旦、武生，有的可以司鼓，还有一个演武旦、一个演老旦的。

王正洪参加侯阳高腔收徒仪式

采访者：您是怎么教他们侯阳高腔的？

王正洪：我收了徒弟以后，按常规是应该每一年给他们上几节有关侯阳高腔的课，后来考虑，觉得还是要先给他们排几个戏，写几个剧目排出来演出，他们就会有一个深刻的印象。所以开始的时候，我一定要学会作曲，主要便于教学，完整地、系统地教学。

采访者：学习侯阳高腔最重要的是什么？

王正洪：最重要的是嗓子，没有嗓子不能传承，就是说我的学生一定是要嗓子好的人，他才能原汁原味地唱出来。

采访者：还有一点，兴趣是不是也很重要？

王正洪：兴趣当然很重要，有了兴趣就有主动性。但是兴趣也是可以培养的。通过学习，懂了，会了，自然而然就会产生兴趣。看来传承侯阳高腔还得从娃娃抓起，让他们从接触到听懂，再发展为会演，循序渐进，直到爱上它。

采访者：王老师，侯阳高腔的基本功有哪些？

王正洪：侯阳高腔的基本功就是唱、做、念：唱就是要求嗓子好；念就是道白要有韵味，要有轻重缓急；做的话就要符合人物个性，每一个人物有不同的个性，因为他的身份决定他的个性，他的个性决定他的行为。总之，重点要放在塑造人物上。

侯阳高腔因长期演出于农村草台、庙台，观众主要是农民与手工业者，他们爱看大戏、武戏、做工戏，从而形成夸张、大笔勾划的表演风格，创造了"大花过头、老生过耳、小生平肩、花旦平乳、小丑平脐"等手势的表演规格。古朴粗放，雅俗共赏。侯阳高腔的表演既重唱又重做，以武功见称，并创造了大量特技表演，有摔盔回盔、变脸、耍牙等。

摔盔回盔，用于《合珠记·米糷敲窗》戏中王金贞怒打负心郎高文举中的表演。王金贞猛击高文举头部，高文举将头戴的纱帽摔落于地，经妻怒斥后，高文举幡然悔悟，让妻到包大人那里去告他"停妻再娶"之罪。在结束时，高文举踢起地上的纱帽，重戴在自己的头上。表演时，摔盔比较容易，表演者以脖子为支点，用力把纱帽摔出去，但回盔就很有难度了，要求表演者将地上的纱帽用脚勾踢起，不正不偏刚好戴回头上，没有下苦功练习是做不到位的。

变脸，用于《火烧子都》中子都的表演。场景为春秋列国时期，惠南王兴兵犯境，郑庄公整军迎敌，其部将子都与颖考叔因争夺帅印反目成仇，子都乘两军交战之际暗放毒箭射死颖考叔，回朝冒功请赏。郑庄公设宴为其庆功时，颖考叔冤魂突现，子都惊恐万状，在惊逃中，连续表演高难度特技"穿桌抹白脸""飞腿过桌抹绿脸""台蛮子抹红脸""台抢背抹黑脸""台中台踩僵尸吹脸"。

这种特技还用于同出戏中，子都为抢头功，攻入敌营，中惠南王火攻之计，被火烧得人仰马翻的情形。子都在冲杀中共变白、绿、红、黑四个脸。表演时，表演者先将白、绿油彩暗藏左手，右手持枪冲杀，硫黄燃起（打松香或喷火），紧接着耍"膀子"（即硬抢背），在空中将油彩涂抹于脸，在空中完成变脸。第三次时，左右手暗藏红、黑油彩，用同一个动作要领完成变脸动作。整个变脸过程动作迅速，不超过三秒钟，给观众带来惊险刺激的视觉感受。变脸的技巧要求"快、匀、净"，须凭"一把抒"之功把油彩全部抹匀在脸上。

这种特技动作属三合班和徽班独有。虽然现在"抹脸"在婺剧中普及运用，但能真正完成好传统变脸动作的演员很少，加上现在已多采用新的抹脸表演方法，所以这种传统特技已濒临失传。

耍牙，用于《画皮》中猪精（大花脸）的表演，以表现猪精的凶狠狰狞。表演时，猪精嘴里不断吐出獠牙，从两颗增耍到八颗。练习时，用象牙或塑料制成獠牙，利用舌头搅动獠牙，吐出不同花样。为练此技，练习者常常会口腔中唇、颊、颌出血，红肿发炎，甚至连饭都吃不下去。所以此技很少有人肯学，也已濒临失传。

采访者：王老师，您对侯阳高腔的发展现状满意吗？

王正洪：从目前来讲，我一年一个戏给他们排，演出效果是相当好的。包括业余的，我在湖溪镇、虎鹿镇排了两个大型舞蹈，有唱有做有念，演出以后，反响相当好。能用侯阳高腔编排多种形式的现代内容节目，普及各乡镇也是件大好事，应该为新生的侯阳高腔喝彩。

采访者：现在学习侯阳高腔的演员多不多？

王正洪：应该是有的。我现在已在4个传承基地排过戏，一个是防军小学传承基地，还有湖溪镇的一个传承基地，另外一个是虎鹿镇的一个公司，再加上东阳婺剧团。通过这些基地传承，相信今后会有更多的人来学习侯阳高腔。

这里还有一个相当了不起的老板，金华市婺剧团的老板。这个剧团是农村剧团，演出侯阳高腔《黄金印》，唱腔音调很高、有难度，演员有意见，说太难唱了。这个老板说："这是我们侯阳高腔传统的东西，一定要演，再难唱也要唱。"我觉得这个老板真了不起。

采访者：您对侯阳高腔的未来有什么样的期待，希望侯阳高腔发展成什么样？

王正洪：浙江的几路高腔包括弋阳高腔我都听过，好腔调就该发扬光大。我们在传承上作了很大努力，遗憾的是侯阳高腔还未被列入国家级的非遗名录。接下来应该争取成为国家级的项目，这样我们的传承信心会更高，创作条件也会更完善、更好，仅靠本地文化部门的微薄资金投入是远远不够的。

采访者：那您有没有希望这个戏有更多的年轻人来学？

王正洪：我当然希望有更多的年轻人来演出传承剧目，这样一代代传承下去，古老剧种才不会被淘汰和泯灭。

东阳婺剧团作为侯阳高腔的传承基地，理应担负起这光荣而艰巨的任务。但是剧团有具体困难：一个是演出任务比较繁重，要考虑具有演出市场的其他剧目的排练；另一个是排练侯阳高腔剧目的资金欠缺。

剧团也曾积极地提出要排《海龟供茶》《五子夺魁》等戏，我已把剧本、曲子准备完整，但最终没有落到实处。

采访者： 您对侯阳高腔的未来有什么样的期待？

王正洪： 我衷心希望我们高亢激昂又抒情的侯阳高腔，能成为国家级项目。如果侯阳高腔成为国家级项目，剧团演出就以高腔为主了，那就能代代相传。

附：《包拯首审乌盆记》（王正洪改编于 2015 年 11 月 15 日）

人　物： 张别古　刘世昌　包公　包兴　赵厉虎　赵妻
　　　　　钟　馗　尉迟恭　秦叔宝　四衙役　四捕快

时　代： 北宋

地　点： 定远县、东山坞、钟馗庙

第一场 "讨债起疑"

［天布景：幽静破落钟馗庙宇和荒田山岩

［舞台下场门设有赵厉虎富家门庭、院墙横穿舞台。

［张别古，有气无力地呐喊："走呀！"手持木杖上。

张别古：（唱）老汉姓张名别古，如今年岁活了七十五。

王正洪在指导演员排练

可怜我爹娘早亡故,可怜我爹娘早亡故啊!
留下孤儿多受苦楚,受饥挨饿日子难过。
(白)人说黄连苦,我比黄连苦十分啰!
(唱)孤苦伶仃在东山坞,在东山坞。
(念)上无兄嫂、下无弟媳,孤独一人生活实在苦。
六亲无靠,衣裳破了无人补。
张别古,好糊涂,学了一门懒手艺,
打草鞋,卖草鞋,夜间还把稻草当地铺。
(唱)一年三百六十天啊,
受饥挨饿日子过呀,日子过。
老天爷真作孽,坑害老朽我张别古,
一连下了一十三天急箭般格大雨。哎嗨哟。
洪水冲断了东南西北东西南北格路桥叫人无去路,
害得我难进定远县城把草鞋卖,隔断我格活路。
弄得我,家计危急,家计危急,铁锅朝天,勒紧裤带,还是难度饥饿。
昨夜晚,我突然想起一笔小小债务。
就是那格,(唱)东山坞里赵大赵厉虎,
两年前那,(唱)他还欠我两双草鞋钱哪啊还未付。
(念)虽说是,两双草鞋钱啊,难救张别古,
(念)却也能,(唱)荒度一时三刻充饥饿啊呀充饥饿。
(白)到啦。吔!这不是赵大赵厉虎的家么?以前是两间茅草房,如今怎么变成砖瓦房啦!富豪门第好气派!难道我张别古走错门道啦?【认别】你看那是东山头钟馗庙宇,庙西乃是赵大格窑铺,凭着我记忆绝不会记错格,(略思)哎,待我冒叫一下,赵大赵厉虎在家吗?(赵厉虎上)

赵厉虎: 有道是,(唱)人不谋财家不富啊,火不烧地不肥。谁在叽叽喳喳地唤大爷的名号啊?(开门见张)喔,原来是你这老不死张别古。

张别古: 哎!赵厉虎,你好没大没小啊,张别古,张别古,是你做小辈人叫的吗?

赵厉虎: 你没小,我没大,我这叫以牙还牙。

张别古: 我问你,你这一身荣华富贵是怎么得来的呀?

赵厉虎: 我啊,早就发财啰。

张别古：算啦罢！你烧点窑铺发什么财呀，要发财老早就发啦，会不会发啥格横财喽？！

赵厉虎：呸！你这张别古再胡说八道，我叫家丁打断你老不死狗腿。

张别古：好，好，大人不记小人过。

赵厉虎：对（伸拇指），大人不记小人过。张别古，你找大爷，有什么事啊？

张别古：这几天家中揭不开锅，前两年你还欠我两双草鞋钱，今天我是上门讨草鞋钱的。

赵厉虎：嘿，我以为有什么大不了的事，原来是为了几个铜钱，（摸袋，奸笑地）我说张别古，开银票太麻烦，大钱你又找不开，这样吧，我府上现存的盆子有的多，你随便拿它一个抵抵债也就是了。

张别古：我说赵厉虎，我是家中揭不开锅才讨债来的，这盆子又不能当饭吃，不好充饥饿。

赵厉虎：喔，原来你是来要饭的。

张别古：赵老大，不是来要饭的，我是讨草鞋钱的。

赵厉虎：我说张别古，你就是人老嘴硬，我再问一句，盆子要不要，不要，我大爷没有许多空闲时间同你烦。（进门）

张别古：（不耐烦地）回来！要！要！

赵厉虎：要！那么随我来。（赵大故意作恶绕场走）进大门（张跟随）。

张别古：进大门。（被门槛勾倒在地）唷唷——赵大，你家门槛介高格？！

赵厉虎：（暗笑）你是不是肚皮饿瘪啦，双脚抬勿高啦，告诉你，大户人家的门槛就是这样高的。

张别古：好，好！算我倒霉！（爬起，拍掉身上泥，一瘸一拐地走）啊唷！

赵厉虎：（暗笑）进二门！（又绕道走）

张别古：进二门！（小心地，双手抬着腿过门槛）嗨！

赵厉虎：绕庭院！（又拐弯作弄，相互碰撞）啊唷……

张别古：绕庭院！（发火地）赵大，你是在作弄我？！

赵厉虎：岂敢，岂敢！喏，那墙角边盆子有的是，你随便挑一个。

张别古：这不好，这盆不圆。这盆太小，这光泽不好。

赵厉虎：（发火）张别古，你挑剔什么，拣上一个快滚！

张别古：两双草鞋我要两个！

赵厉虎：不行，两双草鞋值几个铜钱，随便拿一个，滚！

张别古：好，好，我就挑一个（将盆藏入怀内）。（刘世昌鬼魂跟出）

赵厉虎：快走，快走！（依然绕过三道门，赵大闭上大门）老东西！（下）

【闭中幕】

第二场 "喊冤指引"

张别古：（心里疑惑地）赵大，赵厉虎夫妻两人，烧了几年窑铺，据我所知，没啥格花头经格，怎么一转眼就变成富豪门第？会不会是啥格横财喽？

刘世昌：大伯！（哭泣地）

张别古：（惊讶地四处寻找）谁在叫我大伯？

刘世昌：我在你怀里藏着呢。

刘世昌：大伯申冤哪！

张别古：啊！（乌盆落地）打鬼！打鬼！（哐当）（伏地双手紧抱着头）打鬼啦！

刘世昌：大伯，你不必害怕，且听我慢慢地道来。

张别古：慢！人听鬼讲话，我岂不成为心怀鬼胎的人啦！（略思）传说钟馗乃打鬼的神，待我逃到钟馗庙宇里去，冤鬼就不敢跟来了，对！拔脚就逃。

［弃盆逃跑，圆场，刘世昌拾起乌盆追赶。启中幕，钟馗庙宇。张别古推庙门而进，刘世昌一道阴风，早已进庙跪拜钟馗，求神申冤。张别古关起庙门，躺在跪垫（圆卦）上叹气。平静后，张别古哩哩啰啰哼起"花头台"中开场"西风"和"马字锣"，以及"工尺谱"闹台。同时出现钟馗神像，话外音］

刘世昌：神爷，申冤啊——

钟馗：冤鬼刘世昌，你们主仆二人被赵厉虎夫妇因财谋杀一案，本神了如指掌，只因阴间之神难理阳间冤案，如今包拯已中高魁在定远县上任，你哀求张别古带你到县衙诉冤，包拯定能为你雪冤，将凶犯捉拿归案，绳之以法。你记住了！

刘世昌：多谢神爷！

张别古：（边哼声边坐起）哈哈！我逃到钟馗庙，那个冤鬼就不敢跟来啦，我回家去（将要开庙门）。

刘世昌： 大伯申冤哪！

张别古： 打鬼，打鬼！（跪拜）啊呀，钟馗神爷，你是捉鬼之神，我被恶鬼缠身，你救救我，救救我！（欲拜）

钟馗： 张别古，你为人善良正直，定要为民解冤，你快引冤鬼刘世昌到定远县衙诉冤，捉凶归案，事后有你好处，快去吧！

张别古： 嘿嘿！（唱）奇怪奇怪真奇怪，青天白日见鬼来。

钟馗神爷告诫我，引鬼诉冤莫慢怠。

钟馗神爷还说道，事成之后有我好处！

（略思）对，替冤鬼申冤乃是一桩美事，对，我冒叫一下（装着胆）冤鬼——

刘世昌： 有——

张别古： 刘世昌——

刘世昌：（应声）大伯——

张别古： 嘿嘿！当真会讲话啦！你被谁人所害？

刘世昌： 我主仆两人被赵厉虎谋财害命，焚烧成灰，制于乌盆之中哪！

张别古： 嘿嘿！我早就知道赵大赵厉虎不是个东西，原来他一身荣华富贵是谋财害命所得。这叫冤有冤报，恶有恶报，时辰一到，一切都报！冤鬼，我带你到县衙申冤去。

刘世昌：（叩拜）多谢老伯！多谢老伯！

（递乌盆给张，闭中幕，内设"廉洁奉公"公堂。）

张别古： 走！（人鬼走圆场）到啦，待我来击鼓！（击鼓）

第三场 "引证施法"

（内喊：升堂——）

包拯：（念）赴任定远县，击鼓把

王正洪指导《乌盆记》排练

案审。

包兴，击鼓人上堂。

包兴： 是！击鼓人上堂。

张别古： 参见大老爷！

包兴： 我不是大老爷，我是一个小老爷。

张别古： 那么大老爷在哪里？

包兴： 公堂上坐的那个就是大老爷。

张别古： 参见大老爷（欲拜见状欲怕）打鬼，打鬼！（蹲下双手抱头）

包兴： 鬼在哪里？

张别古： 公堂上坐的这位大老爷，面孔乌赤墨黑，好像……

包兴： 这是一个人容颜，有道是黑白分明为黎民。

张别古： 嘿嘿，这位小老爷真会说话。参见黑白分明格大老爷！

包拯： 击鼓人姓甚名谁？

张别古： 弓长张，特别格别，希奇古怪格古，叫张——别——古。

包拯： 有何冤情，从头一一诉来。

张别古： 大老爷，我是没有冤枉，我的盆有冤枉。

众： 哈哈……古怪人告古怪状……盆有啥冤枉？！

张别古： 我这个盆啊，只要大老爷你问一句，我这个盆就会答一句。

包拯： 喔，有这等事？待我问来，乌盆——

包兴： 无声！

包拯： 乌盆——

包兴： 无声！

包拯： 乌盆——

包兴： 无声！

包拯： 嘟！大胆刁民竟敢戏弄官衙，包兴，戏弄官衙，犯何律条？

包兴： 戏弄官衙，按律应打四十大板。

包拯： 这"四十大板"么，看他年迈之

《乌盆记》中年轻时的包公脸谱

人，打十大板也就够了。

包兴：（按张别古卧地）大板，一五！一十！（推张出衙）

张别古：（打得张别古连连喊叫声）啊唷……啊唷……盆！

刘世昌：有！

张别古：咂咂……方才包大人叫你为什么不答话格？害得我打了十大板。如今我要打你——（欲打乌盆）

刘世昌：（急跪诉）大伯息怒！我被赵厉虎夫妇用砒霜毒死，焚烧成灰，制成乌盆，我赤身露体，无脸见那包老爷，望大伯谅察。

张别古：谅察，谅察，你不进去叫包大人怎么给你申冤哪？

刘世昌：请包大人画张"通则符"，再赐袄袍一件，我便可进衙了。

张别古：原来如此，好！我帮你再去求来，（进衙欲跪）包大人！

包拯：你为何去而复回？

张别古：方才冤鬼刘世昌讲，说他被赵厉虎用砒霜毒死，焚烧成灰，制成乌盆，他赤身露体，无脸见人，求包大人画上一张"通则符"，赐他一件红袄袍，他就可以进来了。

包拯：好！待我画来！（包兴转递给张，张举高"通则符"）

张别古：多谢大老爷！（袄袍赐与刘）盆，你快随我进来喽！（刘随张进衙）

各位大小老爷，我这盆会讲话啦！

包拯：乌盆——

刘世昌：有——

刘世昌：包大人，冤——枉——哪！

包拯：乌盆，你有什么冤情，慢慢诉来！

张别古：啊唷……冤枉哪！

众：张别古，你又有什么冤枉哪？

张别古：大老爷刚才打了我十大板，我格两只屁股就更加疼痛起来，我这张嘴就喊起冤枉来啦。

包拯：包兴，赏银十两，叫他在堂下候唤。

包兴：张别古，刚才大老爷冤枉你，打你十大板，赏你十两银子，叫你在堂下候唤。

张别古：啥格，打了十板子，赏银十两，那么求大老爷给我再打十板子。

众：嚄！

张别古：这种玩笑是开不得格——（下）

包拯：乌盆！从头诉来——

刘世昌：包大人，我刘世昌死得好悲惨哪——

包拯：刘世昌你休得悲哀，自古道祸福难料，你被人所害，从头诉来，俺包拯定为你申冤！

刘世昌：我家住——【哭泣】

包兴：乌盆你别哭泣了，你这样光哭不诉叫大老爷如何为你申冤啊！

众：是啊，你这样光哭不诉叫大老爷如何为你申冤啊！

刘世昌：乌盆明白了——

（唱）家住南阳城门外，离城十里太平街。

刘氏后裔有数代，商贾为业终身爱。

我母七十古来稀，七月初三寿宴开。

办好寿料即刻转来。

行至赵家窑门外，倾盆大雨降下来。

淋透衣裳步难开，借宿一宵起祸灾。

饭内下了砒霜药，谋财害命把心歹。

驴马两匹成食肉，千两黄金造楼台。

赵大夫妇心肠狠，尸骨烧灰不埋葬。

充当窑料烧乌盆，害我尸骨无存，毁灭罪证把罪盖。

《乌盆记》中尉迟恭脸谱　　《乌盆记》中秦叔宝脸谱

（念）幸亏老伯来讨债，乌盆抵债诉苦哀。

冤鬼恳求大人施尊严，雪奇冤，镇压凶犯，人心大快。

包拯：呀！

（唱）俺包拯，初上任来审奇冤。

冤鬼诉情令人愤慨。

定远县，竟有如此，穷凶祸害。

俺包拯，一定要，穷源竟委，

惩凶徒，施尊严，善恶分明，人心大快。

（白）薄命刘世昌，你的冤情，本官深感同情愤慨，只是要捉拿凶犯，务必具呈"三证"。这人证何立呢？（沉思地）

刘世昌：冤鬼此番前来，乃镇妖大元帅钟馗神爷指引而来，不但他可作证，而且二位守门神尉迟恭、秦叔宝也可见证。

包拯：好！包兴，赐你"传神令"一支，速请三尊到此作证！

包兴：遵命！〔燃烧"传神令"后，此时空中一道清风闪现。

钟馗：包拯，我等来也！

包拯：恭请相迎！（众出迎跪拜）

钟馗：（内唱）一道清风到人间！

钟馗：（唱）见证雪冤施尊严。

〔三尊齐上：钟馗手持朝笏，尉迟恭手持武鞭，秦叔宝手持文鞭，"走边"舞唱兼备。

包拯：恭迎三尊！（入内坐落）三尊呀！

（唱）神圣、老钟、神老钟

钟馗：（唱）圣贤、县令、小包拯

包拯：（唱）公案之下有人将尔等告？

见证状尔等可知晓？

钟馗：（唱）阴阳相连，何事尔等不知晓？

只因为，前任贪官来试法，

待等着清廉官上任来。

包拯：如此说来，下官可鸣鼓而攻之了？捕快何在？

钟馗：慢来！尔等在此何劳捕快效劳，尔等轻吹一道清风，赵厉虎夫妇即可引风而来。要叫他不审而招之，不审而制裁也。

包拯：何法而制裁也？

钟馗：你附耳过来。（一一耳语）

包拯：请三尊作法。（众下）

三尊：天灵灵，地灵灵，阴阳相连，施尊严！一道清风引凶神！

〔三人各举朝笏、文鞭、武鞭吹动清风，三道清风在空中闪现，赵大夫妇随风牵随县衙。

赵厉虎：（唱）稀奇、稀奇、真呀真稀奇。

赵妻：（唱）凡人也能在空中飞。

赵厉虎：（唱）这道神风带有泥土气。

赵妻：（唱）风转泥随自然泥土味。

赵厉虎：（举目远眺）老婆！一阵神风，把我们夫妇俩吹到定远县衙门口啦！

赵妻：老相公，我心里清楚啦。

赵厉虎：清楚什么？

赵妻：前任贪官不是勾结盗匪而被杀头咯，至今县衙老爷宝座还空着，莫非是神仙施法，叫你来……

赵厉虎：胡说！我当什么官。老婆，做官哪有我现在舒服，一包砒霜得富贵，如今我赵厉虎乃是定远县里豪富门第，不算第一也算第七，不愁吃，不愁穿，不愁官府不来拍我格马屁！这叫作"有钱能使鬼推磨"。

赵妻：老相公，这不是一道神风把我俩吹到县衙来了么？

赵厉虎：连神仙也来拍我们的马屁啦，哈……

赵妻：老相公你看，前面来了四位公差，不是来请我们啦？

赵厉虎：是啊。

《乌盆记》中赵大脸谱　　　《乌盆记》中赵妻脸谱

四公差： 你们可是赵厉虎夫妇？

赵厉虎： 正是！

四公差： 我家包老爷让你们上堂听差！

赵妻： 老相公，你听你听，叫你听差哪！

赵厉虎： 嘿嘿，这叫时来运转，好，请！（大模大样进衙）

【包拯上】

包拯： 你等可是窑主赵厉虎夫妇？

赵夫妇： 正是。

包拯： 闻听赵家开设窑铺不久，却手艺超群，你所制烧的乌盆光泽鲜明，图样新奇，轻轻一敲，便会发出激越的连声，可也奇事哪？

赵厉虎： 不知包老爷，何知详情？

包拯： 昨日张别古到你府中讨取两双草鞋钱债务，你以乌盆抵债，可有此事？

赵厉虎： 确有此事。

包拯： 今日张别古为你"献宝"来了！

赵夫妇： 张别古"献宝"？！包老爷，你把我说糊涂啦。

包拯： 不信，当场试来。（包兴手持乌盆引刘上，刘坐地）

赵夫妇： 好！好！（兴奋地）

赵厉虎： （唱）想不到，赵某我心肠狠反幸运。

赵妻： （唱）遇好运，前世命中来注定。

赵厉虎： （唱）赵厉虎，轻敲乌盆，探究竟。（欲敲）

刘世昌： 赵大，赵厉虎！你谋财害命，还我命来！（发出惨厉声音）

（赵夫妇闻惨厉声，吓到变脸）

赵厉虎： （唱）为什么，乌盆谴责，要还命？（欲逃）老婆快逃啊！

包拯： 赵厉虎，你抬头观看！

（赵夫妇举目欲看，颤抖地）

赵夫妇： 啊！捉鬼元帅——钟馗！

钟、包： 赵厉虎！

秦、尉：

（合唱）狗贼贪财赵厉虎，谋财害命令人透心骨，

焚烧尸骨制乌盆。天地难容，冤情难堪。

（白）永世打在十八层地狱。

（唱）永不超生六道轮回。

〔赵厉虎拉妻欲逃，三神施法，众衙役舞棍拦截，赵大夫妇滚翻无力被擒。〕

包拯： 张别古，你引证有功，本官表彰你伸张正义、护法除恶，这钟馗大庙主持由你担当，为你披红挂彩游街三日！包兴，速到南阳城外十里街向刘世昌父母妻儿报丧。

包兴： 遵命！

包拯： 来！将赵厉虎夫妇押至刑鼎，按刑法处决。开斩——

〔四刀斧手押赵大夫妇在"狗头铡"上处决。〕

刘、张： 多谢大老爷！

众：（唱）法典圣德齐整治，

国泰民安享太平！

【剧终】

（根据前辈陈法森老师口述整理改编）

第四章　周边采访

一、王正洪学生赵雷访谈：最值得我们传承的是他对艺术的执着追求

采访者：您第一次见到王老师是什么时候？

赵雷：第一次的话，那时我还没进团。王老师带队到我们老家来招生，我第一次看到王老师。在我们印象中，感觉王老师就是艺术家的那种类型。他招我们做徒弟的时候有50来岁了，看着特别精神，那是他给我的第一印象。

采访者：您什么时候正式开始跟王老师学戏？

王正洪学生赵雷接受访谈

赵雷：大概在我进团4个月以后吧，渐渐地接触了这一行。我是演武生的，王老师对我的教育比较多，比别人可能要多一点。因为武生跟另外行当不一样。王老师把他在演艺道路上的一些心得，包括表演的手法、几个折子戏啊，都手把手地教给我们。

最开始我学的是《三岔口》。当时《三岔口》的主教老师还不是王老师，王老师是东阳婺剧团的导演，他只能在空余时间里，才给我们纠正一些表演上的问题，包括形体上的。因为我们婺剧跟京剧是有区别的。我们刚刚进团也不知道传统的表演手法，必须由王老师他们那一代人，把他们所了解到的婺剧传统的东西教给我们，比如婺剧的唱腔。但他又认为不能完全精确地模仿传统的那个手眼身法步，更多的是体现一种感觉，就是经过学习后，我们的表演和王老师印象中的老艺人的表演是一个脉络的。这是婺剧的一个特色。王老师会在空余时间把我们几个专门演武生武丑的"小鬼"叫到一边去，跟我们讲哪个眼神应该怎么样、哪个动作应该怎么样、两个人碰面是怎么样，等等，很是细致。他以一种对学生负责任的态度，把这些婺剧传统的东西灌输到我们年轻人的脑海里。

当时东阳婺剧团是三合班，是"高、昆、乱"的结合。1951年，把5个戏班并成一起，改成东阳婺剧团。侯阳高腔在婺剧里面不算是单独的声腔，而是东阳唯一的地方高腔。另外地方像金华、衢州、龙游啊，包括兰溪那一带，包括义乌，都不是侯阳高腔，只有东阳本地的是侯阳高腔。因为我们婺剧高腔里面有很多种分类，有弋阳高腔、义乌高腔，有各种分类，只是侯阳高腔是东阳婺剧团专有，属于东阳本地的。

侯阳高腔的基本特征是"一人启齿，众人帮腔"。过去，王老师他们那一辈的老艺人表演时，乐队人不多，只有五到七个人，在舞台上表演高腔，仅通过乐队这几个人来伴唱，这样的话，可以节省人手。因为当时演员紧张，演员基本上都在舞台上，没有多余的演员。后面慢慢发展到现在，我们现在表演的话，就有专业的伴唱人员在一边伴唱。伴唱是现代侯阳高腔体系的一种特色。

其他高腔也有"一人启齿，众人帮腔"。那么侯阳高腔跟别的高腔不一样的地方就是，在一些过门、一些小调上可能有区别。

前几年，王老师成为"侯阳高腔"省级代表性传承人之后，特意到团里召集我们几个学生，给我们讲侯阳高腔的特色，包括唱腔以及特征。因为我们接触侯阳高腔比较少，当时就是通过王老师这样一点一点给我们讲述，我们对侯阳高腔的认知才越来越深。

采访者：您跟王老师一起演过戏吗？

赵雷：我跟王老师演过几次对手戏。王老师曾排练一个剧目《红烛字》，但剧中那个男孩唱的是婺剧的乱弹，还不是侯阳高腔。因为那时候王老师还不是"侯阳高腔"省级代表性传承人。在那个戏里面，他饰演父亲这么一个角色，通过那个戏，我们更加认可了王老师的表演风格。

王老师演美猴王，那个形象塑造得非常好，我们的感觉就是活脱脱的小六龄童。王老师他也是6岁从艺，也可以算是六龄童，他的眼神很犀利，那个眼睛一睁，人家一看，这火眼金睛真有力啊！

他能够带动演员跟他入戏。他的表演风格呢，我们想过了，比较诡异，他不按传统套路出牌，他会把形形色色的角色融入到自己身上。一般人不一定每个角色都学得好，就像盖叫天一样，你不能每个人都学盖叫天，学不像，你不一定学得那么像。

王老师有他独特的魅力，他的形体、他的表演，包括他那个声音以及对人物的塑造都独具他自己的风格。他演的每个人物的唱腔，声音发出来都不一样，我们要特意去模仿王老师的话，可能会走偏路。王老师再三对我们讲，不能去学习他那种类型，每个演员对角色的塑造是不一样的。所以说他教我们表演，还是以规范的正统的路子来教，包括那个《十五贯》中的娄阿鼠，那是一绝，当时我们婺剧里面的一绝。他演的娄阿鼠，当年去参加全省比赛，得了一等奖。人家一看，这婺剧娄阿鼠演得不错，当时他还能够翻，能够跌，演得活灵活现，他有他的特色。他50多岁还能翻，我们进团练功时，那个手怎么放，

1989年王正洪扮演《十五贯》中的娄阿鼠，获全省戏剧中青年演员精英大奖赛最佳表演奖

这个劲怎么掌握，他还做给我们看，随手就来。他就有这个功底，基本功很扎实。

我听老一辈的老师讲，王老师参加全国的武功大奖赛，都能得一等奖。几十个小翻，"哒哒哒"，在首都体育馆里面，起码可以翻40个以上，原地都能翻二三十个。他的特长就是翻跟斗、打形体。

我们当时练功有专门的抄靶老师，王老师偶尔也会来为我们抄靶，释放，他毕竟50多岁了，释放一两次就差不多了。你老是叫他翻，这身体也吃不消，对吧。

采访者：您觉得应该从王老师身上学习和传承些什么？

赵雷： 最值得我们学习和传承的呢，是他对艺术的执着追求。这么多年下来，特别是他退休以后，对那个侯阳高腔很痴迷，为侯阳高腔的艺术传承做了很多的工作，几乎占用了他全部的业余生活。我们团里面对他的工作也非常支持。他在退休以后承担起了侯阳高腔这门艺术的传承和发展工作，见他这样子拼命地工作，我们也深受鼓舞，并力所能及地帮他做一些这方面的工作，包括做一些演出的策划也是受他的启发。

他的精神是非常值得我们学习的。他跟我讲，他收集了有400多个省里的传统剧剧本。我去团里的档案室里看过，我们团里还没这么多剧本。他对剧本非常重视。过去传统戏里面负责舞美、设计、作曲的老艺人，他们看老戏当看宝贝一样，王老师会把这些资料都收集起来，作为以后留给后人的一种财富吧。

通过王老师的言传身教，我们才能够在他身上学到一些东西。他讲过他收集了400多个剧本，你说400多个剧本要去仔细研究的话，目前没这个时间，也没这个精力。他更多的精力还是用在传承发展侯阳高腔上面，怎么样让我们这一辈去继承他仍未完成的工作，他毕竟年纪也大了，以后还是要我们这一批人去继承发展侯阳高腔。

他保存的脸谱我看到过。我们去年参加全省的戏曲节，需要一批脸谱，也是他提供的。当时我跟他讲，这次出难题了，5天之内需要画23个脸谱，需要各种各样的鬼神，包括少数民族图腾类的那种。他说这个由他来想办法，结果3天就全部画完了，画了40来个。拿过来一看，画得蛮好的。当时导演说能不能再大点。因为他要重新塑模子，来不及，只能用刚画好的这一批。

王老师教育我的话，应该是表演人物刻画上面比较多。因为他

《前后日旺》中黄天化脸谱　　《洪罗英归天》中脸谱　　《清风亭》中雷阵子脸谱

是导演出身，他有这种专业的素养，就是术业有专攻吧。他来就是要给你导演戏、给你讲人物刻画、怎么样塑造人物，这是他对我讲得最多的。当时我演他儿子，就是小生跟花脸的结合体，他演我父亲。在排练当中，他既是导演，又是主要演员。因为我从小学武生的，那么对文的这一块呢，可能会涉及，但演了就过了。这个角色不像文，也不像小丑，人物的性格很难把握，太另类。我们当时对人物的塑造可能也不是很到位，需要通过导演一点点讲解、分析。比如，小生跟小花脸怎么结合？他就会给你讲小生，再给你说小花脸，他说你再去把握一下看看。他要求我们通过一些细小的特定的动作，把人物性格连贯起来。通过他几次示范和一些导演上的处理，我慢慢地把这个人物做到理解到位，并在演出上取得了成功。

对于角色的理解，王老师在教学上也很有一套，能把我们带进角色。好演员能够带动一大批演员，只要你盯着他看，他就能把你带到他的心里。我们常想："现在状态不好，我状态来了我就能演。"我们老行话讲就是："咱们台上见！"但在王老师这里，没有台上见的，他对我们的人物塑造要求非常严格，必须当着他的面，给他演出来，什么状态不状态的，你排练时必须演出来，没有到舞台上见的！只有他看过了放心了，我们才可以上台，要不然别上台，都这样。所以我们也从王老师那里传承下来这种精神，这种排练的风格，要求我们自己的学员，包括演员同样没有台上见，只有台下见。导演说你能通过你就过，通不过再来，也不要着急，这里面没外人，都是同一个团里的演奏员，你大胆一点，不管能不能演到位，你大胆演出来，导演说"过了",台上你就这样演,不行你就从头再来,一遍一遍的。

我们团里,老一辈演员演的侯阳高腔经典传统剧目就是《合珠记》《黄金印》,现代一点的是《春梅》。这几出戏,当时我们排练得比较少。过去老师教我们,我们有很多不理解想不通的地方,即便王老师有时也会说:"这么简单还学不会!"但他仍是不厌其烦地一遍一遍地教。现在我们自己也教学生了,很多地方想通了。不是说他故意骂我们,而是心急,想我们快点成材,为我们好。老师的出发点是想着学生在这一行当里面,在这个职业里面,能够出人头地,能够让人家看到这是好角。但我们当时很不理解他天天盯着我们,干吗呀?休息时间盯着我们,上班时间也盯着我们,有时候在教学时被看得毛都耸起来了,哪里还不对呀?他老是盯着我们看,总认为我们的成长速度不够快。

现在我们看小学员也是这样,一遍一遍地教,就是感觉他没找到感觉。有一个学员我教了很久了,还在一遍一遍说。这个演员也演出很久啦,但他一下来,我就会去讲:你哪个地方怎么样,哪个地方怎么样。总感觉在台上应该没有一点瑕疵,要让观众讲:"这个演员真的好,这个角色演得好!"我对教学就是这种心理。当时我们也想不通,通过自己对学生的教学,很多过去想不通的形体呀,角色的人物塑造哇,通过现在自己教学,慢慢地想通了。所以说王老师当时对我们一些教学苛刻的地方,我们现在对小学员也是这么苛刻。这艺术作不了假,你行就行,不行就不行。所以现在我特别能理解,王老师他们过去对我们严格要求的这种态度。

老人家在练功上、在表演上,他不会来害你。因为你这演得好不好,得看老师教不教得好,这不是我们自己说了算的,得观众说了算。你上台了,人家问,这是谁教的?这王老师教的,这个不错,这个角色演得好!观众会评价。你不行,他就说:"哎呀呀,这戏不行,这演员不行。哪个老师教的?哎哟王老师教的,是这演员自己的问题吧?"王老师在我们这一代,那是家喻户晓的,检验他教学水平的不是他自己,而是观众。学生也是这样,你上舞台就跟高考一样,跟中考一样,演不演得好,不是王老师说了算,他说了没用。他在台下给你排练,给你教导,到了舞台上就要观众说你好,观众认可你。你能够胜任怎么样的角色,能够有怎么样的成绩,观众才是阅卷人。

二、王正洪学生舒旭霞访谈：他最值得我们学习的，就是他对艺术不离不弃的精神

采访者： 您是什么时候开始跟王老师学戏的？

舒旭霞： 我没有进团之前就听到很多老前辈说，我们团里有一个专门排武戏的导演。那时候王老师已经不演戏了，他已经当导演了。那时候我就觉得很奇怪。在婺剧界，可能就只有我们东阳婺剧团有这号人物。

然后我就很想见到王老师。有一次，我们在培训中，王老师来看学员，我看到他蛮精神的。其实那时候王老师年纪已经有点大了，应该有四十几岁了吧，但蛮精神的，很随和，跟我们想象的不大一样，不像当时教我们的老师那么凶。

跟王老师学戏后，平时接触蛮多的。因为王老师给我们排戏，后来就真正跟他学戏。因为婺剧有六大声腔，其中有一个声腔叫高腔，其中的侯阳高腔是属于我们东阳的。王老师是侯阳高腔的传承人，他收我们为传承人，经过他传授后，我对侯阳高腔就有了真正的认识，那时候才真正是跟王老师学戏了。

王老师教了我一出侯阳高腔《米糷敲窗》，还有现在排的《妲己》这个小戏。我平时跟他学的戏也是蛮多的，不是高腔的戏也蛮多的。

王正洪的学生舒旭霞（右一）接受访谈

采访者：您在跟王老师学戏过程中，他给您的感觉是怎么样的？

舒旭霞： 有些导演很严厉，但王老师不一样。可能是因为他本身就是从我们东阳婺剧团出去的，所以对我们学员就比较有亲和力，就是说你不会特别怕他，还会跟他偶尔开开玩笑。他会跟你说，你自己爱怎么做就怎么做。然后我说，王老师，这样做我很别扭，能不能不这样做？他说："很好哇，你有什么好的想法呀，你就跟我说。"所以说跟他排戏，是一个很愉快的过程，根本不会有那种很拘谨很严肃的感觉。

平时我们见到他，都不会叫王导啊，王老师啊，不会这样叫，一般都是叫"王老头儿"，都爱跟他开玩笑。但是他对学生的要求还是蛮高的，其实我们唱了那么多年，像表演时的一些手眼身法步现在基本上都已经知道了，但他还会要你精益求精，如果他觉得有一点很细小的动作不入眼，他都会指出来，要求你把它做出来，一定要做出来。我有时候会说："哎呀，我就台上见吧，排练的时候，这么多人看着，我会蛮倒霉（指害羞）的。"他就会说："你台下都演不好，台上怎么演得好？"

最近一次王老师对我表演技艺的传授，是排练侯阳高腔《妲己》。他跟我解释，因为妲己是妖，妖是有仙气的。我是唱那个花旦跟武旦出身的，那我做的动作就会比较利索一点，可能也会唱得比较英气一些。但是他要求我第一个亮相，让我眼睛就睁一只。他说："你塑造一个角色，面部表情上要有特定的表现，你演妖，会怎么样去体现？你如果是仙，又是什么样子的？"他就会要求你必须做出这个动作，然后我就觉得特别别扭。我是唱武旦、唱花旦的，你让我这样多难看啊！他就说："那你看看我的，做得好不好看？"然后他就做给我看，我看着也不是特别难看，但是特别能体现出这个角色，把这个人物啊，塑造得就特别的仙。所以我就说，好吧，我就学呗。

采访者：王老师在哪些表演艺术方面传教给了您？

舒旭霞：《米糷敲窗》其实是文戏，我们婺剧讲究的是文戏武做、武戏文做，所以这个《米糷敲窗》一开始不是王老师排的，是我们另外一个排文戏的导演排的。后来这个戏也上过中央电视台，也算是一个名段了吧。王老师在看了这个戏排练后，单独跟我说："《米糷敲窗》是一个文戏，但你是唱武戏的，有很多场景其实蛮适合你演的，你很多动作比如上桌子、上凳子，既要显示出这个角色大家闺秀的身份，又要有唱武戏的那种精干。"他讲得比较细，对人物的心理讲得比较多。因为这个戏我也演得久了嘛，他会从里面找一些精髓的东西跟我说，像一些道白啊，表情啊，一直看我做到位了才不讲了。

一些婺剧道白，我们现在都学到很多，感觉跟其他剧种都有点像！王老师就说，高腔是我们婺剧的特色，道白中有一个"呜呼"是侯阳高腔的特色。平时我们唱一段唱腔，唱完了之后就结束了。他就教我加一个特色，就是"呜呼"。你说一个女的这样唱多难听啊！至少我认为是这样。但他让我必须说。结果我说了之后，效果居然蛮好，那个特色就浓郁起来了。这些就是他们以前传承下来的，是我们接触不到的东西。

王老师经常跟我们讲的就是这些东西。平时我们唱女旦，一般用假声的比较多，比较尖比较细。不会用这种唱法，就不是唱女旦的一种表现了，因为我们讲究的就是这样一种美嘛！现在也是这样。

侯阳高腔的主要特点就是"一人启口，众人帮腔"。即一个人唱，后面有五六个人给你帮腔，这是侯阳高腔的特色，也是所有高腔的特色吧。但在以前，没有演员伴唱，是由乐队帮腔的，就是靠几个乐队成员帮腔，后来才慢慢演化成用演员来帮腔。

再说剧目，一般来说侯阳高腔应该以悲戏为主。以我的认识，我觉得是这样，所以说我们排侯阳高腔的大戏就很少，到乡下演出也很少，一般都是以精品剧目为主。

采访者：您觉得王老师身上有些什么特别是值得学习的？

舒旭霞：我进东阳婺剧团以后，王老师已经不上台演出了。在后来的这么多年中，也就是我们团60周年团庆的时候，所有的老一辈演员都来了，大家都上去演一段。王老师他们是属于最高一辈的，应该是我们的祖师爷了吧，他也演了一段，演那个娄阿鼠，那时候他已经是七十几岁了吧。我以前看过他表演的录像，也知道王老师这个人的性格。当时我说："王老师，你这次要上台表演娄阿鼠？"他说："对啊！"我说："你这么大年纪，要小心啊！你不要自己觉得还年轻，还在台上翻啊滚啊。"他说不会不会，我没事，我还很年轻。然后上台了。那次，我是演第一个剧目《樊梨花与薛丁山》，他的节目在中间，我刚好空了，卸完妆就在旁边看他。我们所有人就在旁边看着，看他这么大年纪了怎么演！结果他全都演完了，跟录像里的差不多！他的一招一式，都跟年轻时候一模一样。这对我们年轻的一代来说，真的太震撼了。王老师的这种认真对待每一场戏的精神就值得好好学。

他经常到我们团里来排戏，好几次都是打着吊瓶来的，我们叫他休息，他也不休息，他就是这样的人。

他最拿手的戏应该是猴戏。但我长这么大，在剧团待了那么多年，都从来没看过他的猴戏。我问过王老师，娄阿鼠是不是他的代表作，他说我对他了解太浅了。他说："我最能唱的是猴戏，我最出名的也是猴戏。"我只看过他演猴戏的照片，没看过他演出，因为我跟他接触的时候，他已经年纪大了，不演猴戏了。他的猴戏在当时应该是挺红的。后来我就听京剧界的一些导演，还有昆曲老师，还有其他剧组老师，他们讲起王老师，都知道王老师演得最有名的是猴戏。但是我们都没这个机会见到。

王老师身上最值得我们学习的，我觉得不是艺术，不是在舞台上呈现的东西。因为我们现在接受的东西多了，有京剧的、昆曲的，还有各个剧种的，大家都在互相学习互相交流。从王老师身上，最能学到的东西是什么？我觉得是他的人格艺术。我觉得王老师最值得我们尊敬、最值得我们学习的，是他对待艺术的态度、他对侯阳高腔的非常负责任的态度。他把侯阳高腔一直挂在嘴边，说必须传承下去。"你们这么多学生中，传承侯阳高腔的有几个？谁能够把侯阳高腔传承下去？"他经常会这么问。

我们现在对侯阳高腔接触是蛮少的，都是从王老师那里了解到的，他会过来给我们上上课，讲讲侯阳高腔。经过这么几次接触，才慢慢地对侯阳高腔有所了解和接触。其实我知道，他心里最纠结关于侯阳高腔的传承问题。所以，他最值得我们学习的就是他对艺术不离不弃的精神。

很多人都不太了解婺剧，今天来听了这个是婺剧，明天再听就忘记了。因为婺剧有六大声腔，各大声腔里面又有许多曲牌，所以说普通人对婺剧就不是特别了解。但是侯阳高腔是我们东阳婺剧团也是我们东阳婺剧的特色，他的唱腔跟其他高腔不一样。我们婺剧里有个曲牌叫【二凡】，是以假的声腔，然后往上飘的一种声腔；侯阳高腔声腔比较粗，然后往低走一点。所以说你仔细听的话，两个的差别还是蛮明显的。

三、王正洪学生蒋源访谈：他对表演事业的认真执着感染着我们

采访者：您和王正洪老师是什么时候认识的？对他的印象如何？

蒋源：我是 1991 年进入东阳婺剧团后认识王老师的。那时，王老师已经从演员转入导演，给剧团排戏为主。在排戏过程中，他给大家讲戏、示范，讲得很透彻。他对我们要求很严格，如果领会不透，他会反复给我们做示范。他对表演事业的认真执着感染着我们。王老师自少年时练成的扎实基本功让我们羡慕，促使我们下定决心，好好向王老师学习，努力从王老师身上多学点东西。

采访者：王导在排戏的时候是什么样的状态？有发生过什么难忘的事情吗？

蒋源：王老师在排戏的时候，先向大家讲解这出戏的主题内容，说明唱腔唱词的特色，着重把手、眼、身、法、步等要领讲透讲深，让我们领会，同时示范给我们看。1995 年，他已经是 50 来岁了，他还是先演练示范，手执大刀挥舞，一招一式，全身心地投入。谁知这把旧大刀道具破损过，用许多细铁丝包扎着使用的。待他停下来时，发现他两只手在冒血，多处被铁丝划破，而他丝毫未发觉。我们叫着，要他去包扎一下，他却满不在乎，继续演练教习，真让我们感动。又有一次，他给我们演练武功动作，示范一个擒背的动作，竟把手腕的关节给弄伤了，大家很着急，他却仍然坚持把动作示范完。这些都让我们很感动。

采访者：我们知道王老师是省级非物质文化遗产"侯阳高腔"的代表性传承人，您觉得他在非遗传承这块工作做得如何？

蒋源：侯阳高腔在浙江高腔里占据着显要地位，老一辈花了很多心血整理出的传统剧本，非常宝贵。侯阳高腔被列入浙江省第二批非遗保护名录，已经肯定了它的重要性。王老师被认定为"侯阳高腔"省级代表性传承人是当之无愧的，他在东阳戏剧界的地位，无人代替。虽然他已八十，却还努力整理搜集资料。侯阳高腔折子戏《摆路头》，从剧本、唱腔、编排，到脸谱设计，以及演员的穿戴、化装等，他都逐一指导。经他手把手地示范，我成功地塑造了一个仁慈、正义、善良而富有喜感的"憨厚伯"的形象。演出后反应良好，受到

戏剧界的好评。

我认为,王老师已经全力以赴地为保护传承"侯阳高腔"做贡献,每年制定目标。而且在传承创新上有独到的境界,把舞美、人物、服装设计等一系列工作都安排得很完整,使我们这些年轻一辈能很快投入角色。

四、王正洪学生杜丽英访谈:我一路走来,能有坚实的戏曲基础,真的离不开王老师的指导,非常感谢王老师

采访者: 您对王老师的印象如何?

杜丽英: 王老师对学生们很爱护,讲课很热情。我演的是小生角色,王老师对我的一招一式悉心传授。最难忘的是排演戏剧《桃花案》,我演主角,每个动作,每个招式,王老师给我反复做示范,我演练完毕,他给我纠正,又示范指导。后来演出获得成功,观众评价很高。这全靠王老师的指导。说实话,我一路走来,能有坚实的戏曲基础,真的离不开王老师的指导,非常感谢王老师。

后来王老师退休了,但只要剧团里、舞台上有需要,王老师就会马上过来,真的很尽心。王老师现已八十高龄了,仍然很忙,学生很多,外地的剧团学生常来请教,他都悉心指导。希望他保重身体,能在侯阳高腔的保护和传承事业上做得久一点,以便把优秀的演技代代相传,发扬光大。

1979年,东阳婺剧团划分为两个演出队,分头赴各乡镇巡回演出。当时我不是很熟悉,跟着王正洪老师。生活中,王老师是个可爱可亲的长辈,平时聊天也和小伙子一样,乐呵呵的。当时生活环境困难,较艰苦,但在王老师的感染下,大家都很乐观地对待生活。演出的是现代小戏,非常出色。在同一个演出队中,我在王正洪老师身上学到不少有益的东西。

看到王老师扎实的功底,可想而知,在那生活贫乏年代,年轻的王老师学艺该有多辛苦啊!该有多少个日日夜夜的勤学苦练啊!

现在退休多年的王老师经常来剧团给我们排戏,仍像年轻人一样不怕辛苦,一遍一遍地演练示范,这让我非常感动。我常常劝他,王老师该歇歇了,岁月不饶人呀!他却说:"我若再不努力,再不传承,怎能把优秀传统文化传承下去,作为传承人,我有责任啊。"

以后,我要以王老师为榜样,努力为侯阳高腔的传承发展多做

贡献。明年我也退休了，现在看到新一辈这么棒，真的感到高兴。

五、文化和旅游部民族民间文艺发展中心特邀研究员，浙江省非物质文化遗产保护协会传统舞蹈专业委员会主任吴露生访谈：侯阳高腔的前世今生

在浙中东阳一带的山区，有一种长期演出于露台晒场、庙宇祠堂，特别受欢迎的地方传统戏曲——居婺剧三路高腔（侯阳、西安、西吴）之首的浙江省非物质文化遗产保护项目"侯阳高腔"。明代王骥德《曲律》卷二中说："数十年来，又有弋阳、义乌、青阳、徽州、乐平诸腔之出……"婺剧界专家多认为，作为继明初四大声腔之一的义乌腔流入东阳后产生的嫡亲单声腔剧种"侯阳高腔"，是我国最早出现的戏曲形式——南戏流传中的遗响。

拂去历史斑驳的尘土，不难发现接受着乡愁的慰藉又不断走向民间的侯阳高腔，因其随乡入俗的特点而极富魅力。侯阳高腔乡音土语的演唱，"一人启口，众人帮腔"，是一种典型的徒歌干唱的古老形式，节奏与调式跟东阳当地的山歌极为相似；表演朴实、粗放，亲近农民本色，很是符合"东阳乡里侬（人）"的审美心理。据当年"侯阳班"名老艺人胡方琴、黄桂清回忆：清代道光时能演侯阳高腔大戏42本。民国年间，尚能演大戏15本、折子戏9个……东阳最多时有72副行头出门，其中大多是侯阳班。不仅如此，由于资深位尊，乡间庙会若邀集戏班，数台并列时，均须侯阳班先予鸣号，以示尊重。"侯阳戏班锣鼓响，左邻右舍脚底痒"，侯阳高腔的前世曾赢得了广大百姓非同寻常的喜爱。

岁月蹉跎，"文化大革命"时，侯阳高腔"奄奄一息"。进入21世纪，侯阳高腔时来运转，赶上了非遗大保护的好时代，不仅有了悉心传承，更是在此基础上得到了贴近时代的发展。东阳婺剧团的青年演员多已掌握了唱腔特点和演出技艺，加工改编后的演出摘金夺银；传承基地东阳防军小学"人人会唱，唱出婺韵；人人会奏，奏有水平"，在传承人的指导下，《侯阳新韵》获得了当地文艺汇演特等奖；侯阳新韵开始流播在田塍里巷……对承续中侯阳高腔所具有的时代特色的探究和抉发还生动地体现在对侯阳高腔独有的《摆路头》技艺"三屉头"的创新中。东阳有"清明冬至七月半"之说，在这三个祭祀自家先人的日子里，民间往往还会在十字路口祭祀孤魂野鬼，东阳民间称为"摆路头"。戏中善良有爱的憨厚伯在摆路头时，黑白无

常与他开玩笑，分享他的祭品，分饰老花、大花、二花的三名丑角如三层抽屉一样逐层升高的造型与动作形成滑稽幽默的戏谑效果，"三屉头"由此而来。在进一步加工时，侯阳高腔传承人最担心的是"修改传统，是否与非遗传承与保护的原则产生冲突？"，但非遗保护的有关规定与专家的说法是"在传统基础上进行创新，值得肯定"。于是王正洪在吃了"定心丸"后，去除了一些较为负面的鬼神内容，在保留侯阳高腔独特唱腔本真后，汲取了其他辅助性曲牌，又在众人的倾心助推下，演出获得了很大成功。观众纷纷反映：反面例子传播了正能量，改编符合社会主义时代价值观。侯阳高腔更好听更好看了。

"老树延绵藏远景，新枝绿满听鸟声。"人们似乎从侯阳高腔的前世今生中有着一种流行说法的新领悟：走向民众的艺术最接地气，要使艺术永远有观众就要不断地去接新气。

六、浙江省文化馆研究馆员，国家一级演员周子清访谈：王正洪先生表演及导演艺术特色

戏曲演唱是广大老百姓最喜闻乐见、热衷参与、乐此不疲的群众性活动。"一部中国戏曲史半部在浙江"，千百年来戏曲的根一直没有断，戏曲的根在农村、在基层、在老百姓的心底，根之深、面之广、人之多、情之浓是其他任何一种文化艺术无法替代的。戏曲是一种乡音，是一种乡情，更是一种乡愁！"家家收拾起，户户不提防"，描述的就是当年戏曲的演出盛况。人们生活的最终目的是为了快乐！而唱戏就能找到快乐的源泉！

戏曲是民族的根，戏曲是民族的魂，戏曲更是老百姓的精神食粮。王正洪先生是我们婺剧界土生土长的、德高望重的老导演，也是浙江戏曲界资深的实力派导演，他的导演风格充满着泥土芬芳，把我们婺剧粗犷强烈却又柔美细腻的特色体现得淋漓尽致。他本身又是演员出身，生旦净丑、文武昆乱无所不能。所以他表演的戏、导演的剧，舞台上的表现形式和张力，比一般的导演显得更加突出。

王正洪6岁就被东阳历史上著名的戏班"王新喜"班收为学徒，从器乐演奏起步，逐步走上舞台表演。1950年，在潘池海的引荐下，他凭"三考出身"进入东阳婺剧团，专攻武生、武丑，很快脱颖而出。1956年，他参加金华地区首届青年演员会演，在《打郎屠》中饰演郎屠，荣获优秀一等奖。1962年，他被借用至浙江省婺剧团赴京演出《三请梨花》，饰演杨凡。当演到"樊梨花刀劈杨凡"时，王

正洪来了个"踩僵尸",跳起后仰面倒地,周恩来总理在大会上专门表扬:"'倒插虎'连续走战场上不卸盔甲,能翻高难度跟斗,这才是生活的真实。"

在舞台上,王正洪不仅追求"精",还追求"全",是婺剧界难得的"一专多能"人物。他演的角色遍及生旦净末丑、男女老壮幼,绝大多数角色被人赞为"演到骨子眼里去了"。

王正洪的表演艺术可谓是形神兼备、声情并茂,浑身上下、从头到脚都是戏。装龙像龙,扮虎像虎。他演《十五贯》中的娄阿鼠,小丑不丑,丑中有美,每一个动作,很细腻很到位,很有生活,不亚于昆曲《十五贯》的王传淞先生。当然,他也是向王传淞先生学的,在王传淞先生的表演基础上面,又融进了我们婺剧小丑表演中的一些技巧,我可以说看得目瞪口呆——双肘落地走路来模仿老鼠匍匐前进,还有一个仰卧背脊着地滑行。"吊毛""猫儿""抢背"毯子功技巧很到位。他录像的那个时候,也已经五六十岁了吧,但是走起来很轻巧,可见他的功底很深厚,把娄阿鼠这个贪婪闲散、好吃懒做、游手好闲的人物形象刻画得入木三分。他在艺术生涯里勤奋刻苦、自强自立是出了名的,只要他看到过,他就能学得惟妙惟肖。为了演好现代戏《补缸》中的补缸师傅,他一个人天天挑着担在操场上练,练平衡能力,不用双手,扁担过肩,头顶扁担,扁担旋转!还拜江湖"小李飞刀"为师练气功,练铁头功,一根小辫子吊一桶水。

20世纪80年代,王正洪老师风华正茂的时候,他为东阳婺剧团培养了一大批小百花演员。"小百花"几个字,最早是出现在东阳婺剧小百花,王文龙、王文俊、胡悦、齐灵姣、赵雷、杜红、张荣平等就是那个时候出红台的。最重要的是他们当时已经排出《铁岭关》《虹霓关》《三打王英》《醉打山门》《徐策跑城》等戏,王正洪导演在传统基础上有创新,他深谙越是传统的戏越能折射出一种新的艺术光芒,所以很成功。到了我们浙婺小剧场演出《三打王英》的时候,掌声雷动,旗竖旗,人叠人,画面很出奇,演员的表现功底很深,那个"云里翻"下高台,"飞跪""踹僵尸"这些技巧走得很到位。当年晋京演出名动京城。当时我还不太会写文章,但是我专门为王文俊写过文章,也算是我第一篇戏剧评论文章。

一个剧种,一个剧团,必须要有自己土生土长的导演。所谓的导演,其实从清朝的李渔开始,我们戏曲里面就有导演,只是那个时候称总纲先生。我们从中华人民共和国成立到现在70多年,回顾一下中国戏曲的发展，还真不是那么一路平坦的，要想追求创造创新，肯定会有付出和阵痛。王正洪先生在婺剧界，尤其是东阳婺剧团的导演风格的形成，来自东阳婺剧团从潘池海老先生的一辈到成大庸、陈志新、叶绿美到王正洪一代，是对婺剧艺术的传承磨砺与创新发展，更是对生活的深层次的热爱和认知与理解。虽然都是演员出身，但是老师们的身上都有一种戏曲演员身上具备的不畏艰险、不惧风雨、不甘落后、不怕吃苦的精神特征。更有同学同事，同心同德的众志成城的团队精神。

以前的戏班子，一人多角，一角多扮，主角下来上龙套，前后客串多个角色是习以为常的事情，就是每个人无论从生旦净末丑，还是文武昆乱，可以说都是一个戏曲艺术的数据库，从唱念做打翻，手眼身法步，精气神韵美，随时随地取之不尽，用之不竭。从个人的技巧到对戏的理解以及舞台调度，戏曲导演最重要的是能够把舞台搞活。舞台调度活了，整台戏就好看了。王正洪先生就是脑子灵、点子多、功夫深、精力旺，这是他的写照。他会不厌其烦、连续不断、耐心细致地跟演员说戏，哪怕演员睡着了，他还说得很兴奋，这就是他精力旺盛的导演个人魅力特征之一。他有创造力，有生命力，有感召力。他排的戏都会好看。

说实在的，婺剧起源于草台班。从中国的戏曲史来看，在农耕时代，我们江南一带都是搭草台的。所谓草台班子，以前就是跑码头走江湖，哪里有庙会，哪个菩萨生日，哪里有红白喜事，都要请戏班子演戏。那个时候的戏曲跟人们的生存生活与生意都有关联、有关系的，已成为一个人成长过程中不可或缺的人生经历。人生如戏，戏如人生，人生自古戏中游，有一种充满仪式感的中华民族艺术特征。逢年过节、生老病死，以及神仙、菩萨、佛的生日都要请戏班子演戏。做戏是人们生活中不可或缺的充满仪式感、神圣感、神秘感的一种娱乐生活和文艺生活。生活让艺术更真实，艺术让生活更浪漫。所以，我们这最早产生了永嘉杂剧、温州南戏。我们金华就产生了金华戏。高昆徽乱滩时，婺剧是一个多声腔的剧种，包罗万象，简单来说就有36本乱弹、72本徽戏。包括从秦汉唐宋元明清一直到我们生活的今天，几千年的历史文明轨迹和文化印记，在戏曲中都可以找到。特定的地方，产生特定的艺术，一方水土一方人，一方水土一方文化。我们金华八婺文化中戏曲草台班草根痕迹是很浓烈的，因为以前没有话筒，没有扩音设备，完全靠演员喉咙的声音。所以，形成了我们所谓的粗犷强烈、豪迈豪放、大锣大鼓、大喊大叫、大红大绿、大开大合、大喜大悲的表演风格。以前戏曲演员从事这个行业都是为了生计，为了有口饭吃，只有做戏这一行行当。中国文化有一个奇特的现象，越是被看不起的、越是低贱的职业，人们从骨子里面又很佩服、敬佩这个行业。某一种角度上，表面上表露出来鄙视这个行业的，他从内心深处又很崇敬这个行业的人。所以，我们有句话叫"天下两个半子"。一个是叫花子，幕天席地自由自在；一个是天子，权倾朝野，至高无上；戏子占半个子，倒是从乞丐到皇帝都可以当的。所以叫"两个半子"，很有意思。

　　那么王正洪老师，刚好处在20世纪50年代。他那个时候吃的苦，应该比现在的演员更多，老师为了让每一个小孩子都有饭吃，能好好成长，遵循严师出高徒的原则，打骂是不可少的功课。天未亮起来就要练功，男生"拉顶"，就是倒立，倒立没有15分钟就不能下来。然后就跑台步，练腿功、腰功、毯子功、把子功、喊嗓子，再是老师说戏。一天到晚地折腾学戏，才能练就一身看家本领，有立身之本。有道是："内练一口气，外练筋骨皮。""台上一分钟，台下十年功。"讲的就是做戏人的艰辛与不易。特定的环境造就特定的人才，王正洪就是那个最苦的年代走出来的戏曲演员。他学了生旦净丑，文武昆乱无所不能，一个人就是一台戏，一个人就是一座婺剧艺术的大数据库。

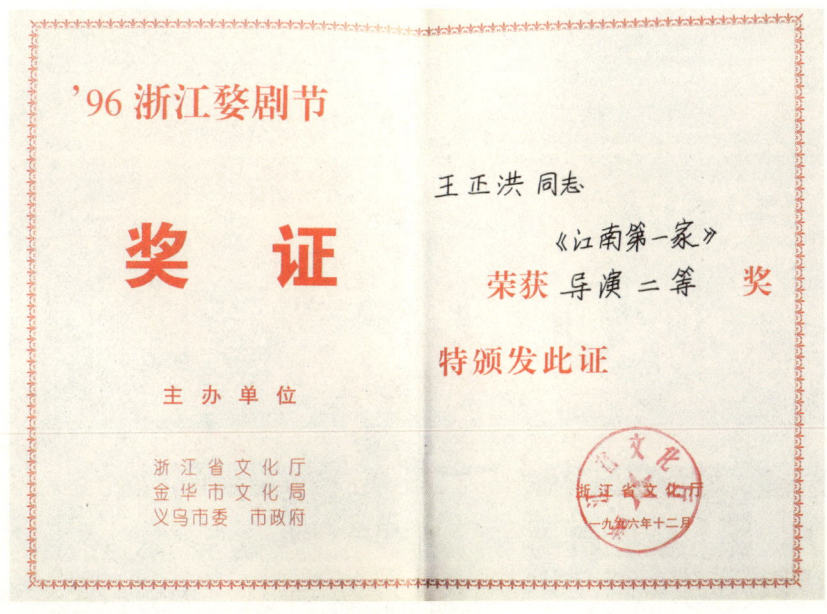

1996年王正洪获浙江婺剧节导演二等奖

真正认识王正洪，是在20世纪90年代中期，我主持浙江婺剧团工作的时候，为了拓展整个演出的市场，我们排了一个郑文捷先生创作的《江南第一家》。原来浦江婺剧团演过这个戏，想来想去还是要请王正洪先生重新给我们浙江婺剧团排，而且，这个戏里面的一号人物朱元璋就是我演的。我原是学小生和老生的，小丑也学过。这个角色以小丑为主，当时有很多领导和老师很担心哟！周子清演许仙演得成功，千万不要在朱元璋这个角色上坍台，到时候唱不下去怎么办？经过王正洪先生排练后，我又重新认识了他的导演风格，给你说戏，给你走动作，给你分析这个人物，怎么来体现挖掘人物的情感，他有一套。有一些动作，突破了传统的表演方式，加进很多时尚的元素，让这个戏更加充满着可看性、观赏性、趣味性和戏剧性。他每次排练都很认真，跟我们说戏，没有一点导演的架子，与我们共同探讨。设计动作，身体力行；示范动作，一遍一遍又一遍，不厌其烦。我跟陈美兰两个人搭档演朱元璋和马氏夫人，其中有一段就是讨饭公讨饭婆出来，要跳一段舞蹈的。哎呀！这个可以说我们戏曲界从来还没有过的。一对讨饭的人，欢天喜地地这样飞奔出来。然后这个咚咚锵、咚咚锵来一段边走边唱、载歌载舞的凤阳花鼓戏，里面的鼓点打法、节奏舞动作，都不同于原来的那种风格，有创新，有活力，有看点。

为了表达我对他的敬意，我还曾经给他画过一张一笔鹅，写了"艺高胆大"几个字，到现在的话可以加"寿长"两个字。前些日子

王正洪2008年（70岁生日）活动

在江山遇上他，好多学生专门为他过生日，只见他鹤发童颜，精神焕发，笑声爽朗，酒饭不减当年。我相信，他有这么多的徒子徒孙继承他的艺术，一定会薪火传承，继往开来，发扬光大！

最后以四句打油诗作结束语：

王者归来花正红，

一生为戏乐无穷，

甘作春泥更护花，

梨园高歌"天下同"！

（【天下同】是戏曲中的一支曲牌名。）

七、原江山市婺剧团团长、导演陈雪梅访谈：我对王正洪老师的点滴印象

20世纪70年代，衢州还未从金华地区分开之前，金华地区遵循毛泽东《在延安文艺座谈会上的讲话》精神，在"百花齐放、百家争鸣"的文艺方针指导下，每年进行一次戏曲会演，从不间断。并且强调汇演剧目必须是反映现代生活内容，塑造工、农、兵形象，做到文艺为人民服务，为社会主义建设服务，而且要求各剧团都要原创剧目。在地区领导的要求下，当时戏曲界确实出现了轰轰烈烈的繁荣创作景象。各地市、县级剧团一个不少，每年积极创作，年年参与会演，年年出新戏出人才。当时的会演并不评奖，但每次会演结束时会推选出一批好节目对外公演，算是最高奖项。

1973年汇演时，东阳婺剧团参演的《春梅》小戏，一炮奏响，轰动了整个汇演现场，各剧团纷纷向东阳剧组学习和移植照搬这个戏。

当时，我是常山县越剧团的演员，团领导指定我学习《春梅》这个戏。于是，有了向王正洪老师学习的机会。其实，在观看《春梅》这个剧目时，就被王正洪老师的表演震撼了，他演的这个"阿富"太像了！由此，对他有了深刻的印象。

1973年王正洪在现代小戏《春梅》中饰阿富

《春梅》这个戏取材于东阳当地一个下放知识青年"春梅"与坏人坏事做斗争的真实故事。这个戏的成功在于戏曲技巧的运用，以及戏曲表演如何与现代内容有机结合的艺术创作问题的完美解决。《春梅》的演出一改以往戏曲剧团演现代戏总是"话剧加唱"的模式，达到了较强的可观性和艺术欣赏性。

《春梅》故事结构简练，人物形象鲜明突出，加上王正洪老师的巧妙编排，达到了完美、强烈的演出效果。

春梅发现阿富偷盗公家红糖外出贩卖的行为时，穷追不舍地半途阻截。于是，两人产生了正义与偷盗行为的矛盾冲突。王老师他充分运用戏曲舞台的表演手法，大量运用戏曲特有的虚拟表演技巧，设计出推车、阻车、拦车等一系列表演动作。如阿富推着的独轮车，王老师处理是"弃车留带"，以独轮车的带子为主要表演道具，"以带代车"的虚拟表演来完成推车的一系列动作，起到了净化舞台的艺术美。要知道，仅凭一条车带子挂在脖子上，两手紧抓带子两头做推车状，还得显示出推着的是沉甸甸的一车红糖，没有深厚的生活实践和演技经验的积累是难以逼真体现的。他在做推车、侧推、倒车、绕推、上坡、下坡等动作时，让人感受到一种来自生活的真情实感。难怪有一个团的演员跟着他学了半月之久还是没学会，回到团里之后只好用真车上台表演，导致演出的失败。从中，我们体会到要演好戏不仅要具备表演基本功，更要有生活体验。据说，王老师曾有过三个月在东阳水库推独轮车的生活体验。

王老师扮演的"阿富"应属戏曲里的"丑角"行当，他的道白不多，却句句表达出幽默耍赖，言简意赅，句句击中观众的笑点。把一个投机取巧、懒散、不走正道的农民形象刻画得入木三分，使观众感受到这个"阿富"又可恨又可笑、是一个经过教育能够改造好的农民形象。更为精彩的是：当两人推、阻独轮车至一棵大树下时，突然车翻了！这时，两人双双紧抓车轮子（轮子是真实的）从树后闪出，结果顺理成章地，一场争夺车轮子的戏又展开了。这也是王老师编排设计的最有亮点的戏（原剧本中没有的）。一场争夺车轮子戏的设想，为戏曲技巧运用拓展出很大的舞台空间，又使得戏剧矛盾的冲突升级。王老师就利用轮子在两人的你抢我夺中滚动，用轮子滚背、原地旋转、腰子翻身、抢背、劈叉、大跳、坐跌等诸多戏曲武功技巧来体现剧情和塑造人物，处处用得恰到好处。最后有这么一组画面：春梅和阿富都紧抓车轮不放，春梅用尽浑身劲道压迫阿富慢慢下蹲，这时的春梅怒目而视，紧盯阿富，阿富心虚下蹲成矮步，然后春梅一个"探海"造型，阿富矮步绕春梅造型转圈一周，以阿富的快速矮子步烘托出春梅的正义形象。这组画面给人留下深刻的艺术印象，就像观看一组芭蕾的艺术造型，至今我仍记忆犹新，这才是真正的艺术啊！

最后以春梅夺得轮子，把它抛下深潭，阻止了阿富的贩卖行为而告终。

对王正洪老师的第二印象，是在导演进修班形成的。1980年，浙江省艺术学校举办导演进修班，学期一年。学员都是来自全省各地剧团、各剧种的艺术骨干，以及培养对象。同时举办的还有演员进修班。大家都带着强烈、饱满的求知欲来到省内唯一一所艺术学校进行学习进修，校方也十分重视这期进修班。据当时的俞校长说，建校以来都还没有举办过如此长时间的进修班，都让我们这一批学员有幸赶上了。大家可要珍惜努力啊！校长的训示更激发起学员的满腔学习热情，谁都不甘落后！

1981年王正洪（右一）在杭州导演进修班与老师合影留念

学校里虽然没有魔鬼般的训练，课程却也排得满满的。从导演理论到导演构思，以及导演实践，还有生、旦、净、丑各行当的表演基础、各种把子课等，真是一茬接一茬、一环扣一环的，简直让人没有喘气的机会。而且校方请的都是艺术界的名家、名流、高等艺术院校的教授前来授课，让人都不想和不敢偷懒片刻。

　　当时，我是演员改学导演的初学者，在导演班里王正洪老师算是一个艺龄最长的长者，我们又是婺剧同行，而且我看过、学过他演的《春梅》。为此，虽是同学，心目中却总是尊称他为老师，但他在同学之间从不摆老师架子。他6岁从艺，一身武功，演遍生、旦、净、丑各行当角色，又排过不少剧目，在学习中却非常用功，谦虚低调，从不在同学间显山露水，平易近人，幽默风趣。记得有一次，班里拍照留念，几个京剧的、婺剧的，还有绍剧的新昌调腔的导演、同学都在，王老师突然冒出一句："来！我们'少数民族'的导演一起来照一张。"于是，便留下了一张珍贵的六人导演照。直到如今，我每次看到这张照片时都会出现"少数民族"这句幽默的话，比喻得多么恰当，令人回味无穷。

　　我印象最为深刻的还是我们的小品汇报节目。我们导演班经常要进行自编、自导、自演的小品汇报，有语言小品、无言小品、情景小品等。最难的也就是动作小品，没有任何台词，全凭人物动作来诠释故事情节。王老师汇报演出的小品《快乐的渔夫》，构思细腻，人物的打扮设计和生活化的动作无不给人一种真实感。他扮演的渔夫捕鱼、抓泥鳅、摸田螺等表演简直和真的一样。汇报时是冬天，而故事表现是在赤日炎炎的夏天。为了塑造角色他毅然脱去棉衣，穿上卷成一高一低的单裤，赤着双脚进行表演，活脱脱一个农民渔夫的真实形象。同学们都看呆了，审查的教授们也发出了赞叹声："这才是真艺术啊！这是对表演艺术的敬业精神哪！"他这种忘我的艺术创作精神，永远是我们学习的榜样。

附 录

一、中国戏剧家协会对《三打王英》的评论

（根据录音整理）

马明捷（大连艺术研究所研究员、中国剧协会员）：

看了浙江婺剧团的《三打王英》，我觉得非常兴奋。它的乡土气、火爆气，甚至在广场上、庙会上演出的气息，我都能感觉到，想象得出来。该剧的表演非常别致，像六标旗分红、白各三枚，喽啰兵的装束都是我在京剧里没有见过的，非常新鲜，非常别致，演出非常有特点，使人感到一股扑面而来的热气。

曲云乙（戏曲评论家、中国剧协会员）：

我看了《三打王英》之后，感觉这戏很好，这两位演员也很好。扮演王英和姚刚的两位演员还很年轻，基本功非常扎实、非常好，打王英的三种打法都是非常别致的。我提一点意见，就是三次打王英，王英的三次扮相是否能有三次变化。比如第一次打时，盔头是不是可以不要了；第二次打时，"靠"可以不要，穿箭衣上。给观众的感觉是王英被打得很重，或者被打到甩发、穿箭衣的程度，王英还是要劝说姚刚并且带下山来，这样可能更有感染力，从效果上讲会更好些。

刘乃崇（著名理论评论家、中国剧协编审）：

这个戏气氛是那么的强烈，具有粗犷美，有一种强烈的爱国主义精神。同时，在戏曲舞台上展示了雕塑美，队形的变化给人以新的感觉，是戏曲花园中的一朵奇葩，应该引起重视。《三打王英》我以前看过一次，这次看了有发展、有丰富，如出现了以前京剧演出好像没有的高台飞跪动作技巧。从爱护演员的角度出发，我觉得演员太累，扫堂、旋子、走棒子等等，好东西不要全按在一个戏上。整个戏很好，但在唱上最好能收一点，可能会影响演员嗓子。这两个演员的确演得好，富于激情，演出了粗犷美，的确感人肺腑。

高文（中国剧协会员、评论家）：

《三打王英》在20世纪30年代经常作京剧的开锣戏，后来金少山演过这出戏，是花脸、老生的对唱戏，从京剧表演结构和徽剧表演看不出有什么渊源。所以只能就徽剧演出看这出戏。它的演出给人一

个感觉——很兴奋,就说唱、做、念、武,高度夸张性动作和交待情节刻画人物,这样一种语言是高度结合的。它解决了京朝派卖味、卖派而不讲情节的不足之处。看完这出戏之后,我们印象很深刻,我想京剧要振兴、发展,要继续学习。

蒋使兰(理论评论家、中国剧协会员):

《三打王英》这出戏气势磅礴,惊心动魄,我看别的《三打王英》都没有这样精彩,这个戏是很精彩。我也提这么一个意见,好东西不要都搁在一个戏里,要不然演员太累,适当精练一点。

颂扬(理论评论家、中国剧协会员):

我觉得《三打王英》展示了中国戏曲的造型美和变化无穷的图案美。导演在画面的处理上别具一格,舞台调度很值得研究,很有特点。另外,它所产的一些动作是出乎观众意料的,本来观众有了心理承受过程以后,才能变化,但它没有,它可以突然间就给你一个动作,有一种出奇制胜的效果。特别没有想到的是,这个戏的结尾是在一种爱国主义的高昂气氛中结束的,就使这个戏达到更为理想的境地。我觉得《三打王英》是很好的一出戏。

郭汉城(著名戏曲理论评论家、中国剧协副主席):

我觉得这个戏非常有特点。通过这个戏的演出达到一种生活哲理的程度。演员非常好、非常好,而且是弟兄两位(王文龙和王文俊)。

陈培仲(《戏曲艺术》副主编、中国剧协会员):

前几年看过东阳小百花在北京演出《铁岭关》,当时印象就很好,觉得这些演员很有生气。看了《三打王英》以后,我觉得他们这些演员更成熟了。《三打王英》塑造人物塑造充满粗犷、阳刚之美,还有造型、雕塑美,人物性格美,两个人物都体现的非常可爱。气氛壮烈,激动人心,使人热血沸腾,很多造型、画面都非常美,我觉得这个戏很有特点,在戏曲舞台上很少能见到这样激动人心的演出。以前讲到戏曲舞台阴盛阳衰,缺少好的花脸武生等,看了演出非常不错,因此要特别爱护这样的演员,对这种戏要挖掘提倡,还要注意对空缺行当人员的培养(花脸、老生、武生)。

康洪兴(中国艺术研究院话剧研究所副所长、中国剧协会员):

《三打王英》这出戏中,导演的技巧功力和演员表演技巧功力结合得相当完美。第一,它的舞台调度不仅变化多端、精彩纷呈,而且别出心裁。三次处理和人物变化都是不同的舞台调度,根据人物性格都有新的变化。第二，每次舞台调度落点都是落在精美的舞台造型上，像是一幅画，同时也是一幅雕塑。第三，这一切都是围绕刻画人物心理情感进行的，也就是说它的舞台调度、画面构图和雕塑造型都是创作者在深刻地体会到了人物的心理情感和脉络以后，在不同的阶段上做出不同的处理。让你感觉到是根据人物出发而不是故意卖弄舞台调度，故意展现高难度动作，而不像有的戏曲演员为了体现他驾驭了高难度动作而不顾人物心理，这出戏就结合得相当好。演员的表演和导演给予的这些调度和高难度动作的要求之间，结合得相当完美，看了以后觉得不只是欣赏外部的技术，而是给我一种强烈感染力。它的那种情感有一股逼人的气势，迫使你受到震撼，这一点，我觉得是相当的不容易。尤其是武功演员，往往是身段漂亮，但内在感情没有达到饱满程度，而这出戏两者是结合起来，而且达到一种高度完美的境界。

刘厚生（中国剧协副主席、著名戏曲理论评论家）：

我就一个意见，20世纪60年代我看过《三打王英》，我好像在上海还写过一篇评论文章。我觉得这次看了以后，感觉很好，就是好像在整个演出节奏上太紧了一点，始终处在激昂慷慨状态之下，所以演员演着累，观众看着也累，应该在节奏松驰上下点功夫。

李学贵（中国著名戏曲家、导演）：

这个戏有一个特点：就是过去皮盖用双留托腔，而这个戏是用二锁内托腔。而且托的是卜子，在戏曲史上不多见。这个戏的两位演员，我看过他们演的《铁岭关》，从《铁岭关》到现在，我觉得这两位演员比那时候成熟了，也更有把握了，他们是亲哥俩。技巧用得很好。就是那高台"飞跪"建议要么取消，如果会影响整个戏的气氛，那就取巧的，免得膝盖受伤。

马科（中国剧协会员、中国京剧院导演）：

我就感觉到原来徽剧有这么好。我还在研究是原来就这么好，还是哪一位导演给它加工成这么好，不管是怎么样，我就只想能不能把这个戏再搬回到京剧舞台上来，我当时到舞台上跟演员见面的时候，就拉着你们演员的手，难以表达我当时的心情，我说谢谢你们，这是你们的英雄剧目，让我感到爱国主义的英气非常鼓舞人心。让人深刻感觉到国家大事最主要，个人情感得失是小事，非常受教育，非常受震撼。

李超（中国剧协秘书长）：

太常引

——为浙江婺剧代表团演出徽剧填词咏之

舞台重见徽剧源

讲情理

古朴尚流家

自然感天

板式汇民间

审真美

虽老更鲜

生活气息

镂质牡丹

仇恨寓哲言

炼旧为当前

1991年1月21日于中国戏剧家协会会议室

二、媒体相关报道

（一）侯阳高腔："三屉头"精彩复活（《东阳日报》记者 吴旭华）

第九个文化遗产日前夕，东阳市的侯阳高腔应邀参加了"浙江好腔调——高腔遏云"传统戏剧展演。借此契机，东阳市戏曲界发掘抢救出了侯阳高腔的精彩技艺"三屉头"。6月11日晚，衢州工人文化宫，为庆祝第九个文化遗产日而举行的"浙江好腔调——高腔遏云"传统戏剧展演活动在此举行。

浙江八路高腔有史以来第一次聚首"唱堂会"。东阳市的侯阳高腔折子戏《摆路头》压轴亮相。

幽蓝的灯光下，3名演员按各自的舞台造型，从低到高形成阶梯状时，台下爆发出热烈的掌声。

这种阶梯状的造型，是侯阳高腔独有的"三屉头"。顾名思义，就是人物排列如三层抽屉一样逐层升高，形成滑稽幽默的视觉艺术效果。

旧时拼台独门秘器

"三屉头，可以说是侯阳高腔独有的技艺。"据《摆路头》的导演、今年74岁的王正洪回忆，这种技艺多用在滑稽剧、荒唐剧中，3名丑角演员分饰老花、大花、二花，由低到高站立，配合滑稽的动作与唱腔、对白，吸引观众的注意力。

作为国家二级导演、侯阳高腔省级非遗传承人的王正洪，正是"三屉头"的抢救恢复者。

"我从6岁开始学戏，几十年来生、旦、净、末、丑各种角色都表演过，还参演过侯阳高腔几本著名的大戏，如《合珠记》《长矛记》《独立大队》等，但从未表演过'三屉头'。"王正洪说，"三屉头"多用在表现鬼神内容的戏剧里，中华人民共和国成立后"鬼神戏"禁演，"三屉头"随之销声匿迹。"即使是中华人民共和国成立前，这种技艺也不多见，一般在庙会拼台时才会作为独门秘器使用。"

拼台，就是两个以上剧团在同一时间同一地点，分别表演不同的戏剧内容，比试高下。

"庙会本来就是祭祀鬼神的民间集会，上演鬼神戏更能迎合观众需求。"有一次，王正洪随剧团去庙会演出，"那时候我还小，只能在舞台上跑龙套。庙会请了两个戏团助兴，两边观众势均力敌。这天，团里加演《摆路头》……"戏剧性的一幕出现了，当3名演员摆出"三屉头"造型时，另一边有观众眼尖看到了，"呼啦一下子，那边的观众都跑到我们这边来了！"

这一幕让王正洪印象深刻，"可以说，60多年来我一直念着这出戏，可是后来再无缘见到了"。

恢复传统推陈出新

惦念着"三屉头"的王正洪始终渴望能恢复这门传统技艺："做梦都想着儿时看到的'三屉头'造型与唱词、对白与动作，虽不完全清晰，但总有朦胧的轮廓存在。"

60多年来，王正洪一点点地用记忆，补充残缺的内容，明晰模糊的轮廓，"不敢忘记，就怕哪天忘记了，再也拾不起来、连不起来了"。但中华人民共和国成立后的特殊政治氛围、改革开放后传统戏剧凋零的状况，让"三屉头"只能在他心里盘桓……

今年年初，省文化部门提出浙江高腔展演计划，王正洪马上把恢复"三屉头"的想法告知市非物质文化遗产保护中心主任吴海刚，受到其赞赏，并决定由市婺剧传承中心负责实施。

其实，担心自己年老记忆力衰退的王正洪，从去年11月起，就已经开始"吐录"《摆路头》的剧本与曲本。

"东阳民间有'清明冬至七月半'之说，这3个节日在祭祀自家先人之外，还要在十字路口祭祀孤魂野鬼，东阳民间称为'摆路头'。"王正洪介绍，侯阳高腔中的《摆路头》就取材于此，"善良有爱的憨厚伯在摆路头时，黑白无常与他开玩笑，分享他的祭品。"王正洪认为，这出戏借助鬼神对憨厚伯的欣赏，传递了惩恶扬善的主题。

为了凸显这一主题，王正洪对表演内容作了修改，"去除了一些负能量的鬼神内容，在唱词与念白中增加了一段贪官汤大才的故事。此人有大才，却也贪大财，贪心不足无好收终"。为塑造这个在剧中并不存在的人物，王正洪煞费苦心，"想得茶饭不思，对唱词字斟句酌"。仅有小学文化的他靠着一本《四角号码词典》，逐字逐句推敲，完了还跑到省城请教专家。"最担心的是我这样修改表演内容，是否与非遗传承与保护原则冲突。"结果，他的这番创新得到了专家肯定，专家认为"非遗保护与传承的是精华内容，在立足传统基础上进行创新，值得肯定"。专家的话让王正洪吃了"定心丸"，"我想通过这个反面例子传播正能量，告诉大家，做人要安守本分，为官要清廉务实。这个主题应该是符合社会主义时代价值观的"。

在曲本创作中，王正洪在保留侯阳高腔独特唱腔的基础上，使用了9种曲牌，使得全剧演唱跌宕起伏，优美动听。

诠释角色不辞辛苦

"七月半，晶莹的月亮，照耀得天空如同万顷玻璃一般，十五的

王正洪和学生合影

月亮,欲隐还现害羞神情高挂在树梢上。哎嗨哩咯哟!哎嗨哟……"

随着欢快的唱腔,憨厚伯头顶祭品,手提灯笼,出现在舞台上。"三寸丁"身材,摇晃却稳固的步法,令人忍俊不禁。

饰演憨厚伯的是市演出有限公司今年35岁的蒋源。今年4月,他和饰演黑白无常的杜丽英、汤伟,正式拜王正洪为师,学习侯阳高腔表演技艺。

三人里,年已50岁的杜丽英是唯一的女性,也是唯一接触过侯阳高腔的演员——2006年全国首个文化遗产日,原市婺剧团抢救恢复了侯阳高腔《合珠记》中的"敲窗",杜利英饰演该剧中的"婆婆"。由此,她喜欢上了这种"一人发声,后台帮腔"的传统戏剧表演艺术。

对全无侯阳高腔表演基础的蒋源来说,出演《摆路头》是一次痛苦的经历——憨厚伯身高不足1.4米,而蒋源身高近1.7米,"整个演出过程,我都必须蹲着,头上还要顶着放满祭品的筛子,重达数斤"。几天练下来,蒋源的腿就肿胀了。为此,他无限羡慕杜丽英。饰演白无常的汤伟身高近1.8米,踩上高底靴戴上高帽子后,身高超过2米,大热天这身穿戴也是活受罪。

然而,生理上的"折磨"对这三人而言并不算什么,"通过这次学习,消除了人们对侯阳高腔的陌生感"。蒋源说,从4月份开始排练,正常工作日每天都要排十多遍,但看着心脏不好的王正洪一遍遍指导纠正,他们未敢有丝毫懈怠。甚至,回到家里,蒋源仍不自觉地蹲身,继续他的"矮丑矬"。"我很喜欢憨厚伯这个角色,很正义,很善良,满满的都是正能量。能把他演好,让观众在欢乐中获得人生的感悟,更多的苦累都不算什么。"

百余次排练下来,蒋源的感觉越来越好,"感觉自己正一步步走进侯阳高腔,享受这种表演艺术"。他坦陈,在侯阳高腔这项非遗传承中,"陌生"正是最大的障碍,"通过学习对侯阳高腔产生熟悉感,而且一来就是高起点,是许多东阳戏曲界老前辈也无缘接触的'三屉头',这番际遇百年难逢"。而最大的收获,则是"当你熟悉了一门表演艺术后,就会向自己从不曾接触过的盲区挺进,这对非遗的抢救与传承非常有益"。(2014年6月发表于《东阳日报》)

(二)王正洪:一年一戏传高腔(《东阳日报》记者 吴旭华)

2008年被评为侯阳高腔浙江省级代表性传承人时,王正洪刚刚70岁。面对喜讯,他保持了独有的冷静清醒,立誓"一年编成一部戏"。

这一年，正是王正洪入行梨园65周年。

8年来，王正洪凭借扎实的戏剧表演艺术功底，自主学习，编创了多部以侯阳高腔为主腔调的戏剧，真正践行了自己"一年一部戏"的诺言：2009年编写《古韵闹花台》；2010年，他把湖溪的两大非遗项目"郭宅大蜡烛"和"跳魁星"有机融合，创编大型舞蹈《魁星点魁》；2011年，他利用住院期间创作了《侯阳丰韵颂·非遗法颁布》，同年创作了《十八羊角喜逛缝配城》；2012年创编了《红曲酒香迎宾客》；2014年整理抢救改编了婺剧折子戏《摆路头》，把一折哑戏变成了做唱念打俱全、诙谐幽默、饱览世情的精彩戏剧小品，恢复了婺剧中已近失传的"三屉头"造型，融入了十多个侯阳高腔曲牌；2015年，他又整理改编了《包拯首审乌盆记》；后来他又承担了东阳市婺剧演出有限公司新剧《三打白骨精》的侯阳高腔作曲重任，备战省第十三届戏剧会演。

上述各剧目，王正洪不仅是编剧（包括改编），而且是导演。年已七旬却仍坚守舞台，王正洪用自己的行动，诠释了自创的诗句"丹心痴情剧坛留"。

六岁从艺，能演生旦净末丑

这位在婺剧表演与导演方面都硕果累累的老艺术家，在圈内与名角郑兰香、吴光煜等享有同等口碑，曾一起接受文化部门的表彰。从艺期间，他获得了各类奖项20多个。

王正洪6岁就被东阳历史上著名的戏班"王新喜"班收为学徒，从器乐演奏起步，逐步走上舞台表演。他在"王新喜"的乐队里敲打大锣和小锣达8年之久，加上对侯阳高腔"看得多、听得多"，对侯阳高腔的韵律轻车熟路。

1950年，在东阳婺剧界名伶潘池海的引荐下，王正洪"三考出身"进入东阳婺剧团。所谓"三考出身"，就是乐队、后台、前台表演都擅长。进入剧团后，他专攻武生、武丑，很快脱颖而出。1956年，他参加金华地区首届青年演员会演，在《打郎屠》中饰演郎屠，获得优秀青年演员一等奖。1962年，他被借用至浙江省婺剧团赴京演出《三请梨花》，饰演杨凡。当演到"樊梨花刀劈杨凡"时，王正洪来了个"踩僵尸"，跳起后仰面倒地，周恩来总理在大会上专门表扬："战场上不卸盔甲，能翻高难度跟斗，这才是生活的真实。"在舞台上，王正洪不仅追求"精"，还追求"全"，是婺剧界难得的"一专多能"人物。他演的角色遍及生旦净末丑、男女老壮幼，绝大多数角色被人赞为"演到骨子眼里去了"。

在舞台上，王正洪创造了多个令人难忘的角色：《春梅》中的阿富；《独立大队》中的大队长；尤其以《十五贯》中的娄阿鼠最为脍炙人口，凭这个角色，王正洪还在1989年省"精英大奖赛"中获得了最佳表演奖。

试水编剧，屡获戏剧界大奖

相较于许多婺剧名伶，王正洪有其过人之处：除了表演还能导演，没读过书却能撰写论文与剧本。

1961年，王正洪首次试水导演，执导大型古装剧《铁岭关》并大获成功。从此，他喜欢上了导演工作。仅读过几天小学的他，凭着一本《四角号码词典》，反复熟读戏曲、文学、导演方面的经典著作，在实践中不断探索。之后，他自导自演的现代小戏《春梅》参加省调演，被专家赞为"戏剧中的金华火腿"，成为全省示范性小戏，并参加华东地区剧目录影。

1980年，王正洪进入浙江省艺术学校导演进修班进修一年，使得导演水平迅速提高。后来，省现代戏调演，他执导的《莲花戏夫》获优秀导演奖。时任省文化厅厅长史行高兴地说："王正洪是位了不起的导演。"

1990年，王正洪导演的《三打王英》参加"纪念徽班晋京200周年"进京献演。在创作中，王正洪打破了"文戏文唱"的概念，将唱、做、念、打、舞、翻有机结合，引起轰动，受到刘厚生、陈培仲、康洪兴等著名戏曲评论家的高度评价，他们赞许《三打王英》有"四美"：图案美、造型美、阳刚美、性格美。时任中国剧协副主席的郭汉城评价说这个戏非常有特点，展示了一种生活哲理。该剧1993年参加浙江省第五届戏剧节，荣获导演一等奖。同年，王正洪被评为国家二级导演。

作为没有喝过墨水的文盲"土"导演，王正洪用自己的努力，创造了戏剧界的导演奇迹。他执导的许多戏剧尤其是现代剧，取材农村生活，贴近群众实际，广受好评。他表演与导演的作品，20多次获省级以上奖励，其中省一等奖5次。1997年，在省"艺苑杯"戏曲教学大奖赛中，王正洪获优秀园丁奖。

保护高腔，实施一条龙传承

为了保护、传承侯阳高腔，王正洪投入了暮年几乎全部精力。

1997年王正洪获省戏曲教学大奖赛优秀园丁奖

他走访原东阳婺剧团老演员，记录多部已经在舞台上消失的侯阳高腔剧目，目前他已经掌握了六大声腔绝大多数曲谱，记录剧本400多本。为了实现侯阳高腔编、导、作曲"一条龙"传承，他从2008年起，利用3年时间学会了侯阳高腔基本作曲法，学会了"工尺谱"的运用。同时，他立志完成"三合班"中50个彩画脸谱的描摹，恢复已经消失的经典脸谱。每画好一个，他都要请老艺人指点，确保原生态传承，目前已完成了25个脸谱的绘制。

在2014年挖掘抢救的侯阳高腔折子戏《摆路头》中，王正洪倾注了大量心血，打造了仁厚、善良、正义而富于喜感的憨厚伯形象，短短20分钟演出，笑声不断。但在笑过之后，观众又会陷于深深的思考，而且这种思考是多维度的，在惩恶扬善的主题之外，还有对生命终极意义的追问，对死亡文化的追寻。对王正洪而言，抢救这个折子戏的意义，并不限于恢复一种表演艺术，而在于如何让表演成为生活哲理的载体。

鲜有人知的是，改编这个折子戏时，王正洪因为劳累过度引发心梗，不得不接受了心脏支架安放手术。但在住院期间，他依然对剧本反复修改，抱病指导排练。

在收集、保护侯阳高腔相关资料的基础上，王正洪还对这古老的婺剧声腔实施理论研究。经考查，侯阳高腔与金华西吴高腔、丽水松阳高腔和衢州西安高腔是同宗共祖。但是，江西弋阳高腔在不在这个范围之内？为了厘清这一源流，2013年，他专程赴江西弋阳考察，从当地高腔戏剧《合珠记·敲窗》中，找到了侯阳高腔与西吴高腔的痕迹，证明了三大高腔源于同个戏种。

对于侯阳高腔的传承与保护，王正洪深具危机感："一个戏抢救出来，不能局限于参加比赛或者汇演，要推动它走向市场，表演艺术只有在市场化中才能得到更好的保护。"他希望这个命题能够引起重视，为继续抢救侯阳高腔打下良好的群众基础。

（2016年发表于《东阳日报》）

（三）衣冠千遍及我　入木三分塑他——记从艺六十周年的王正洪（《东阳日报》记者 胡剑文）

婺剧三合班中凡是大花面都化"草脸"

有人说"艺海无边"，爱上艺术是一件痛苦的事。可王正洪已经在梨园默默地耕耘了几十个春秋，按他的家庭条件而言，三个儿子都在巴西兴盛地创业，理应享天伦之乐，可为什么依然不愿享受安闲舒适的生活，终日在为戏剧东奔西忙呢？在这漫长而艰难的从艺道路上，王正洪从未放弃过自己所爱的行业，更未满足于自己所取得的成绩。他这样解释："立志实现不拘泥常规的目标，摆脱平庸，在二度创作中，力争回声，这才是艺术家风致。"他又说："本人戏缘未满，我要活到老，做到老，学到老，不被变革激流所淘汰。为振兴婺剧增益一砖一瓦是我应有的责任，我怎么能放开它？"

王正洪是东阳市江北街道棣坊村人。他6岁进戏班子学艺，先是打大锣，敲小锣，坐三弦，后转前台，演一些翻打和娃娃生的小角色。到中华人民共和国成立前，由于时局动荡，戏班正常演出难以为继，王正洪只好回到家中做苦力，12岁的儿童肩挑100斤青石，来回走70里路，只得回报5斤谷子。1950年，在潘池海老师的引荐下，王正洪作为一个"三考出身"（即大锣、小锣、三弦，花脸、白脸，旦角等剧团有关演出各方面都有经验的角儿）的少年武功演员，进入当时的县婺剧团当演员（专攻武生、武丑）。他在处女作《小放牛》中饰牧童，《刘文学》中饰刘文学，《武松打店》中饰武松及孙二娘，《三岔口》中饰刘利华。

功底扎实又刻苦好学的王正洪很快就在剧团里脱颖而出。他参加地区首届青年演员会演，在《打郎屠》中扮演恶郎屠，获优秀青年演员一等奖。1958年5月，由剧团推荐到杭州市京剧团（现省京昆院）学习进修一年。1961年受周越先老师的推荐，被借用到浙江婺剧团赴京汇报演出。次年秋天，剧团应邀进中南海向中央领导汇报演出。那天演的是《三请梨花》，王正洪饰演杨凡，当演到"樊梨花刀劈杨凡"这场戏时，王正洪来了个"踩僵尸"（跳起后仰面倒地）的动作，得到周恩来总理的赞扬。周恩来说，盔甲是用来防御敌方刺杀的，但有的演员，为了表现功力，不讲身份，脱去战袍、盔甲，为翻而翻。《三请梨花》中扮演杨凡的演员功夫就比较扎实，带大刀，不卸盔甲，能翻高难度动作，好得很。

作为一个演员，王正洪在做到演得"精"的同时还追求演得"全"。生旦净末丑、老翁稚童，各种角色他都演过，而且"演到骨子眼里去了"。1957年，在江山献演《箭杆河边》现代戏时，18岁的王正洪将一个60多岁的赤脚老头子演得惟妙惟肖，受到行家一致好评；1988年，年近五旬的他参加省第三届音舞节选拔赛，在自编自演的《兜鱼》中扮演七岁儿童，获三等奖。少时扮老，老时扮少，体现的正是演员的基本功。

1961年，剧团领导发现他聪明有才气，便把新编历史剧《铁岭关》分A、B组进行排练。王正洪负责A组，通过设计构思，喜获成功。从此，王正洪就开始接触更具有挑战性的导演工作。说其具有挑战性，是因为王正洪从没有读过书。但他没有气馁，凭着一本《四角号码词典》，长年累月坚持自学，反复熟读了《焦菊隐戏剧论文集》《文学描写辞典》《文学艺术新论》，何之安的《导演基础知识讲话》（上下本）、《艺术心理学》，《辞海》艺术分册以及苏联戏剧家格·尼·古里叶夫的《导演学基础》和斯坦尼斯拉夫斯基的《导演学引论》。再加上平时善于实践探索，工作中不耻下问，不久之后，王正洪的导演能力得到发挥——他自导自演的现代小戏《春梅》参加省里调演，获得成功，成为全省示范性小戏，并参加华东地区剧目录影。

1980年在上级领导葛凤兰推荐下，进入浙江省艺术学校导演进修班学习进修一年，使得他的导演水平更为丰富灵敏。1983年省现代戏调演，他执导的《莲花戏夫》喜获优秀导演奖。省艺术学校评价道："王正洪艺校没有白来。"1972年至1997年是王正洪最意气

1991年王正洪获省现代戏调演导演二等奖

风发的年代,在这近25年中他先后自导自演而获优秀双奖的有《春梅》《兜鱼》《理发姑与补鞋匠》《十五贯·鼠祸》《盲点》《闹家》《脸红》等。获省导演二等奖的有《金佛庄》《宋江秘史》《忠壮公徐徽言》《三顾茅庐》《全国研讨献演节目》《江南第一家》《羊角湾里喜事》和赴港演出剧目《三婿临门》《秋香送茶》等。

《三打王英》是王正洪40多年导演、演员生涯的一个里程碑式的剧目。在创作中,擅长武戏的王正洪打破传统"文戏文唱"的模式,将唱、作、念、打、舞、翻有机结合,创立了"文戏武做"的新程式。1989年,他参加浙江省中青年演员精英大奖赛时,在自导自演的《十五贯·鼠祸》中扮演娄阿鼠,荣获最佳表演奖,得到省昆剧团行家的称赞。1990年,《三打王英》参加"纪念徽班晋京200周年"的进京献演引起轰动,并受到刘厚生、陈培仲、康洪兴等著名戏曲评论家的一致好评,他们赞许《三打王英》具有"四美",即图案美、造型美、阳刚美、性格美。理论评论家、中国剧协会员颂扬评论说:"我觉得《三打王英》展示了中国戏曲的造型美和变化无穷的图案美。导演在画面的处理上别具一格,舞台调度很值得研究,很有特点。另外它所产的一些动作是出乎观众意料的,本来观众有了心理承受过程以后,才能变化,但它没有,它可以突然间就给你一个动作,有一种出奇制胜的效果。特别没有想到的是,这个戏的结尾是在一种爱国主义的高昂气氛中结束的。"1993年,这出戏参加浙江省第五届戏剧节,当之无愧地荣获导演一等奖。同年,王正洪被评为国家二级导演。

王正洪敢于改变命运，谦虚好学、自强不息，在导演兼演员艺术生涯中，他从愚得智，从智奋发，独特新奇、自成一家的创意精神令人感佩。

他在《三婿临门》事态定位分析中写有这样一段话语："中国人太注重父母的意志，太在意别人的看法。"在许多人的爱情生活中，"恋爱自由"一直是一纸空文，割舍一生的真爱，苦守一世的无爱，这样的悲剧已经发生得太多。爱就是抛开这些指定的条条框框、抛开唯命是从换来"孝顺"的美好称谓、抛开自己不喜欢的爱情，大声说爱让我自己做主吧！

《三婿临门》原名叫《挑女婿》，它以《三婿临门》作索引，通过人物"忠实与勇敢""守旧与变革""才识与庸碌""愚昧与机智"的戏剧冲突，渲染和歌颂了"真挚爱情，心灵美德"的主题思想，突出宣扬了"好德有好报"的朴素哲理。

这段短小精干的剧本阐述，出自一个从小学艺、从没吃过墨水的"文盲"人身上，难道还不令人感叹吗？高尔基曾说过这样一句名言："天才，就其本质而言，只不过是一种对事业、对工作过盛的热爱而已。"高尔基还说："人的天才只是火花，要想使它成为熊熊火焰，那就是只有学习！学习！"

由于好学，王正洪的文化修养逐渐提高，他不但在省、市刊物中发表过《我导三打王英，婺剧漫谈（一、二）》《话说婺剧拳头戏——跌打滚翻特色》《学无止境》等论文，还相继编写了十多本大小剧本，例如新《狮子楼》由省《戏文》杂志发表，荒唐小品《土地爷爷投保记》在1991年喜剧电视小品剧本创作评选中获三等奖，《打郎屠》在省电视台"百花戏苑"中播出，《脸红》获省演出一等奖，《忠壮公徐徽言》获省"五个一工程"题名奖。而且还在1997年浙江省"艺苑杯"戏曲教学大奖赛中荣获优秀园丁奖。他所教过的学生，皆获省市一、二等奖。他在艺术生涯中（编、导、演）荣获一、二、三等奖共有20多次，荣获省级一等奖有5次之多。

他为了激励自己的好学精神，还作了一些诗篇：

梨园耕耘历史久，桑榆暮景堪回首。艺途三考根底实，谙练生旦净末丑。

锐意进取长智慧，出类拔萃闯神州。二度创作才思异，导演进修更层楼。

自成一家不俗套,独特新奇潜意流。师古依然不泥古,逆境组合远思谋。

夸饰活化喻其真,文戏武行配"佳偶"。百花争艳托牡丹,粗中求细捻刚柔。

精湛表导结硕果,戏坛屡屡占鳌头。峥嵘岁月六十春,老状自豪夙愿酬。

涉足论坛抒己见,艺海无涯难学透。毕生精力献给党,丹心痴情剧坛留。

王正洪从晨歌唱到晚曲,已把全部的青春活力无私奉献给了永不衰老的文艺事业,成了对婺剧改革、振兴有功劳的戏剧老前辈。他掌握了各路行当的表演手法,曾成功地塑造过不少不同时代、年龄、身份、性格的艺术形象,经验丰富、戏路子广,而且对民间艺术也有一套别出心裁的构思和心得,他是婺剧界中不可多得的一个实践家。

如今,已退休的王正洪还在发挥余热,宁波、金华、衢州、丽水等地的剧团纷纷邀请他前去排戏。他说:"做牛留根绳,做人留个名。""我从艺就想留下几个艺术形象,留下几个剧本。我一直为这个目标在努力,现在也是一样。"(《戏文》2004年06期)

三、王正洪大事年表

1939年 5月25日出生于东阳县江北城郊一个叫棣坊的村落。

1942年 大难临头,一钵子烫粥套在脑袋上,浑身烫伤溃烂,后用奇方异药治愈。

1943年 寄养在饭祖家(世代讨饭为生的家庭),乞讨为生。

1944年 8月,进"王新喜""老紫云""新紫云"等班子学艺(当时由乐队老师陆加祥,武功老师赵岩依授艺)。

1950年 9月,由潘池海老师引荐,加入东阳县婺剧团当小演员。

1953年 5月,演出处女作《小放牛》和现代小戏《刘文学》。

1956年 6月,参加金华地区首届青年演员会演,在《打郎屠》中扮演恶郎屠,获优秀青年演员一等奖。

1958年 5月,由剧团推荐,到杭州市京剧团学习,进修一年,学习武打套路和小戏《武松打店》《一箭仇》。

1961年 10月,导演处女作新编《铁岭关》,喜获成功,从此就热爱上了导演工作。

1962年 被浙江省婺剧团特邀参加赴北京汇报演出。在《三请梨花》中扮演杨凡一角,受到周恩来总理表扬。

1973 年	导演现代小戏《春梅》，并在剧中扮演反面人物阿富，深受观众欢迎。《春梅》被誉为"榜样"小戏，在全省推广学习、排练、演出。
1978 年	被评为东阳县文教系统先进个人。
1972 年至 1979 年	连任东阳市政协委员。
1980 年至 1981 年	由时任金华地区文化局局长的葛凤兰推荐，在浙江省艺术学校导演进修班进修学习一年。
1981 年	1 月，加入中国戏剧家协会浙江分会，同年加入浙江省导演协会。12 月，执导的现代小戏《莲花戏夫》参加浙江省现代戏调演，获优秀导演奖。
1984 年	调到东阳县文化馆任艺术股股长。自导自演的现代小戏《理发姑与补鞋匠》参加金华地区群众文艺会演，获优秀导演奖、优秀演员奖，并被推荐参加（1984）国庆献演。
1985 年	3 月 16 日，任东阳县文学艺术工作者联合会常务理事、东阳县戏剧家协会副主席。执导现代小戏《闹家》，获全国电视小戏大奖赛三等奖。
1987 年	从东阳县文化馆调至东阳县文化局任艺术创作室主任，负责专业剧团艺术建设和剧目编导，同时辅导群众文艺创作和排练。12 月 31 日，被评定为三级导演（中级职称）。同年，创编的婺剧小戏《狮子楼》发表于浙江

省《戏文》杂志。

1988年 在自编的《兜鱼》一剧中扮演七岁孩童，参加金华市"五月音乐会"暨省第三届音舞节选拔赛，获三等奖。

1989年 1月3日，被调回东阳婺剧团，总管剧团全面工作。4月31日，在自导自演的婺剧《十五贯·鼠祸》中扮演娄阿鼠，参加浙江省戏剧中青年演员精英大奖赛，获最佳表演奖。同年，被金华市文化局表彰。5月6月，浙江日报第三版"艺术青春常绿"栏目中刊登《执迷追求，不负年华》的文章，评论《十五贯·鼠祸》的出色表演。

1990年 5月26日，创作的戏剧小品《盲点》参加金华市"法在生活中"戏剧小品大赛演出，获优秀演出奖。12月25日，被选为金华市戏剧家协会常务理事。执导的婺剧《三打王英》被省市推选参加全国"纪念徽班晋京200周年"献演，北京专家一致评论《三打王英》演出气势磅礴，惊心动魄，并赞扬该剧"造型美、图案美、心灵美，一招一式都为塑造英雄人物服务，是精品中的精品"。

1991年 在金华市"赤松杯"文艺评奖活动中，被评为戏曲明星演员。执导由东阳市婺剧团演出的《金佛庄》，参加浙江省现代剧调演，获导演二等奖；执导由武义婺剧团演出的《羊角湾里的喜事》，获导演二等奖。1991年创作的小品《土地爷爷投保记》参加"保险在你身边"喜剧电视小品剧本创作评选，获创作三等奖。

1993 年 执导的《探五阳·三打王英》参加浙江省第五届戏剧节演出，获导演一等奖。10月15日，被评定为国家二级导演（高级职称）。

1994 年 省《戏文》杂志第三期封二刊登婺剧《三打王英》剧照及导演生活照和生平事迹介绍。

1994 年至 2001 年 执导《桃花案》《红烛志》《孟丽君》《红灯记》等。

1995 年 4月15日，省《戏文》杂志发表自编折子戏（探索型）剧本《狮子楼》。改编的婺剧小戏《打郎屠》由东阳市婺剧团演出，在浙江电视台"百花戏苑"中播出。6月15日，《戏文》杂志刊登文章《五十年生命的戏剧之路——王正洪先生从艺五十周年》。7月2日，入选东阳市名人手册。10月，兰溪市婺剧团特邀编导的《三顾茅庐》在全国第七次诸葛亮学术研讨会上演出，反响甚佳。11月，编导由衢州市婺剧团演出的《忠壮公徐徽言》，参加浙江省第六届戏剧节，获剧本奖、导演奖和省"五个一工程"提名奖。获评国家二级演员。

1996 年	6 月 25 日，《金华晚报》刊登《"五十二载梨园情"——记东阳市婺剧团二级导演王正洪》的文章。11 月，光荣加入中国共产党。担任东阳市婺剧团业务副团长（正股级）。
1997 年	6 月，在浙江省"艺苑杯"戏曲教学大奖赛中荣获优秀园丁奖。11 月 7 日至 14 日，由浙江省婺剧团特邀执导的《江南第一家》，参加浙江省第七届戏剧节演出，获优秀导演奖。
1999 年	5 月 15 日，参与执导、表演的戏剧小品《希望的回声》，参加庆祝东阳市解放 50 周年"水电杯"文艺调演，获金奖。
2004 年	3 月 3 日，为浙江省余姚市艺术剧院首次赴港演出排练《三婿临门》及《秋香送茶》。7 月 15 日，浙江音像出版社在全国发行《桃花案》《红烛志》两剧 VCD。
2005 年	7 月 20 日，余姚市芒果剧院（姚剧）邀请执导折子戏《打窗》和大型清朝戏《审不清糊涂官》，获得成功。
2008 年	编导的《火烧子都》荣获省业余组演出金奖。被评为浙江省非物质文化遗产代表性项目"侯阳高腔"代表性传承人。面对喜讯，他立誓"一年编成一部戏"。
2009 年	编写《古韵闹花台》。同年被评为金华地区"最美传承人"。编导的《吴泽雪》获得好评。
2010 年	永康下山门排练小品《老子与"老子"》、哑

	剧《特级理发师》，在夏季泼水节演出轰动全场。《真假罗成》连排三个团，影响良好。他把湖溪的两大非遗项目"郭宅大蜡烛"和"跳魁星"有机融合，创编大型舞蹈《魁星点魁》。
2011 年	他利用住院期间创作《侯阳丰韵颂·非遗法颁布》。同年创作《十八羊角喜逛缝配城》。
2012 年	创编《红曲酒香迎宾客》。
2014 年	整理改编侯阳高腔折子戏《摆路头》，把一折哑戏变成做唱念打俱全、诙谐幽默、饱览世情的精彩戏剧小戏，恢复了侯阳高腔中近乎失传的"三屉头"造型，融入了 10 余个侯阳高腔曲牌。
2015 年	整理改编婺剧《包拯首审乌盆记》。
2019 年	整理、创编、谱曲《三打白骨精》，备战省第十三届戏剧会演。
2020 年	为东阳市婺剧团运用侯阳高腔谱曲《武松打店》。创作诗《感悟》：稚子学艺闯婺州，梨园耕耘历时久。考起步、根底实，谱练生旦净末丑。舞台生涯七十年，多度创作显成就。梅花香自苦寒来，不枉痴心剧坛留。

参考文献

1. 章寿松,洪波.婺剧简史［M］.浙江:浙江人民出版社,1985.

2. 周妙中.清代戏曲史［M］.河南:中州古籍出版社,1987.

3. 中国大百科全书总编辑委员会(戏曲 曲艺)编辑委员会,中国大百科全书出版社编辑部.中国大百科全书·戏曲曲艺卷［M］.北京:中国大百科全书出版社,1983.

4. 上海艺术研究所,中国戏曲家协会上海分会.中国戏曲曲艺词典［M］.上海:上海辞书出版社,1981.

5. 吴海刚.侯阳高腔曲牌本.2012.

后记

  2019 年 4 月 12 日,笔者参加了浙江省非遗代表性传承人口述史编撰工作会,接到了"侯阳高腔"省级代表性传承人王正洪口述史的编撰任务。回来后,便开始收集整理资料,按照文件要求细化,不足的地方加以补充。

  婺剧是浙江第二大剧种,这一有着丰厚文化底蕴和艺术魅力的地方剧种,是祖先留给我们的宝贵遗产。侯阳高腔是婺剧高腔中的一种,也是浙江八路高腔中比较古老的品种,还是我们东阳特有的剧种,历史悠久,特色鲜明。如今,侯阳高腔的传承人年事已高,很多富有价值的历史资料值得我们去挖掘整理。

  为了完成这本口述史的书稿,我们与传承人王正洪老师面对面交流,做进一步的了解,让内容更具真实性和完整性。

  王正洪老师对婺剧高腔事业有着执着的追求,对表演艺术精益求精,才有了今天的艺术成就。他把自己的一生都献给了婺剧事业,他忧心着高腔的生存,企盼着高腔的发展,希望高腔能得到完好的保存和发展。前些年,他一直在收集整理高腔剧本,排练恢复并创新高腔剧目,同时还要带徒传艺,对侯阳高腔的传承和发展做出了积极贡献。他的这种敬业精神值得后辈们学习。

  本书在写作中得到了东阳婺剧团的帮助和配合,在此表示感谢。由于水平有限,不当之处请各位专家批评指正。

编著者
2019 年 9 月

责任编辑：刘　波
装帧设计：薛　蔚
责任校对：高余朵
责任印制：汪立峰

图书在版编目（CIP）数据

浙江省非物质文化遗产代表性传承人口述史丛书. 王正洪卷 / 郭艺主编；朱斐嫄编著. — 杭州：浙江摄影出版社，2023.8
ISBN 978-7-5514-4564-1

Ⅰ.①浙… Ⅱ.①郭… ②朱… Ⅲ.①王正洪—事迹 Ⅳ.①K825.78

中国版本图书馆CIP数据核字（2023）第107217号

ZHEJIANG SHENG FEIWUZHI WENHUA YICHAN DAIBIAOXING
CHUANCHENGREN KOUSHUSHI CONGSHU
浙江省非物质文化遗产代表性传承人口述史丛书
WANG ZHENGHONG JUAN
王正洪卷

郭　艺　主编　朱斐嫄　编著

浙江摄影出版社出版发行
　　地址：杭州市体育场路347号
　　邮编：310006
　　网址：www.photo.zjcb.com
制版：浙江新华图文制作有限公司
印刷：浙江兴发印务有限公司
开本：787mm×1092mm　1/16
印张：9.75
2023年8月第1版　2023年8月第1次印刷
ISBN 978-7-5514-4564-1
定价：88.00元